OGÓLNE WPROWADZENIE DO "KURSU CUDÓW"

OGÓLNE WPROWADZENIE DO *KURSU CUDÓW*

DR KENNETH WAPNICK

Foundation for A COURSE IN MIRACLES®

Tłumaczenie z języka angielskiego: **Lucy Rudnicka**

Okładka: **Łukasz Rutkowski**

Tytuł oryginału: **A Talk given on** ***A Course in Miracles***
by Kenneth Wapnick, Ph.D.

Wydawnictwo CENTRUM
Skrytka Pocztowa 257
81-963 Gdynia 1
Tel: (58) 522 9497
Fax: (58) 550 6812
Email: biuro@WydawnictwoCentrum.pl
Internet: www.WydawnictwoCentrum.pl

ISBN 10: 83-60280-32-0
ISBN 13: 978-83-60280-32-4

Spis treści

Wstęp

Niniejsza książka oparta jest na transkrypcji jednodniowego seminarium, które poprowadziłem w Madison w stanie Connecticut 9. maja 1981 roku jako część dziewięciodniowych rekolekcji zorganizowanych przez Tarę Singha. Publikujemy ją teraz w odpowiedzi na wiele próśb o zwięzłą prezentację zasad *Kursu cudów*, a w szczególności o transkrypcję z owego seminarium. Poza niewielkimi zmianami mającymi na celu zwiększenie jej czytelności, swobodny charakter *Ogólnego Wprowadzenia* został zachowany, jako że jest to transkrypcja faktycznego seminarium, nie zaś bardziej formalna prezentacja pisemna.

Wprowadziliśmy jednak pewne ulepszenia: umieściliśmy szczegółowe odniesienia dla cytatów z *Kursu cudów,* część materiału z końcowych rozdziałów została na nowo uporządkowana, zmieniliśmy tytuły rozdziałów, aby bliżej odpowiadały treści tychże rozdziałów oraz zamieściliśmy w tekście diagramy z innych publikacji, aby wyjaśnić parę zasad. Dodaliśmy też bardziej stosowne zakończenie. Z niewiadomego powodu zakończenie oryginalnego jednodniowego seminarium nigdy nie zostało nagrane, a jego transkrypcja, jak również pierwotnie opublikowana broszurka, były urwane. Nadszedł więc czas, by to zmienić. Choć nigdy nie byłbym w stanie przypomnieć sobie moich słów sprzed ponad dwudziestu pięciu lat, dołączyłem odpowiednie, jak sądzę, podsumowanie.

Co ciekawe, duński tłumacz, Gerben Andriessen, przesłał mi kasetę z oryginalnego seminarium, z którego pochodziła pierwotna transkrypcja. Słyszałem wówczas owo nagranie po raz pierwszy i odkryłem, że w transkrypcji opuszczono około jedną piątą seminarium w Connecticut. Choć nie brakowało niczego, co istotnie umniejszyło jego wartość, to jednak opuszczenie zawierało materiał związany z resztą, który ulepszył prezentację. Z tego powodu załączyłem ów fragment prawie w całości, co przyczyniło się do poszerzenia i wzbogacenia publikacji. Poza tym dokonałem pewnych nieznacznych zmian w pierwotnie opublikowanym materiale, włącznie z dodaniem paru zdań, które w pewnych miejscach dostarczyły objaśnień, a także ogólnym „oczyszczeniem" tekstu z niedbałości gramatycznych, niedoskonałości w budowie zdań, itd.

Jak zawsze, jestem bardzo wdzięczny mojej żonie, Glorii, wiceprezesowi *Fundacji*, za jej nieustającą lojalność i zobowiązanie wobec zachowania integralności *Kursu cudów* w sensie ogólnym, a w szczególności publikacji *Fundacji*, nie wspominając już o jej konkretnych sugestiach dotyczących tego nowego opracowania Wprowadzenia. Jestem też bardzo wdzięczny Rosemarie LoSasso, Dyrektorowi Publikacji *Fundacji*, za jej wierne oddanie spełnianiu wizji naszej *Fundacji*, zarówno pod względem formy, jak i treści, oraz za jej konkretną pomoc w przygotowaniu tego poprawionego wydania.

Pragnę także podziękować Emily LeVier z Mahwah w stanie New Jersey za dostarczenie mi tej transkrypcji i za to, że jako pierwsza osoba wystąpiła z sugestią, aby ją wydać. Podziękowania należą się również Fredowi Marshowi z Los Alamos w Nowym Meksyku za spisanie na maszynie tego, co nagrano na taśmę.

Foundation for A Course in Miracles żywi nadzieję, że niniejsze poprawione wydanie lepiej zaspokoi zapotrzebowanie studentów *Kursu* na proste, acz kompletne wprowadzenie w podstawowe zasady tego ważnego dokumentu duchowego.

Dr Kenneth Wapnick

Numeracja zdań pochodzących z *Kursu cudów* opiera się na następującym schemacie:

T - 26 IV. 4: 7
- Zdanie
- Akapit
- Podrozdział
- Rozdział
- Tekst

K - cz I. 169. 5: 2
- Zdanie
- Akapit
- Lekcja
- Część
- Książka ćwiczeń dla studentów

P - 13. 3: 2
- Zdanie
- Akapit
- Pytanie
- Podręcznik dla nauczycieli

W - 6. 4: 6
- Zdanie
- Akapit
- Pojęcie
- Wyjaśnienie pojęć

ROZDZIAŁ 1

HISTORIA *KURSU CUDÓW*

Jedną z interesujących okoliczności powstania *Kursu cudów* jest to, że właśnie proces jego zapisywania i historia jego początków służą jako doskonały przykład podstawowych zasad samego *Kursu.* Jego centralnym przesłaniem jest to, że zbawienie przychodzi w chwili, gdy dwie osoby złączą się, by działać we wspólnym interesie lub dążyć do wspólnego celu. Wiąże się to zawsze z jakimś aspektem przebaczenia, o czym pomówimy później.

Dwie osoby odpowiedzialne za *Kurs cudów* to Helen Schucman, która zmarła w lutym 1981 roku, i William Thetford.[1] Byli oni psychologami w Columbia Presbyterian Medical Center w Nowym Jorku. Bill dostał się tam pierwszy, w 1958 roku, i był Dyrektorem Wydziału Psychologii. Helen dołączyła do niego parę miesięcy później. Przez pierwsze siedem miesięcy trwania ich współpracy mieli ze sobą ogromne trudności. Ich osobowości różniły się diametralnie. Podczas gdy z jednej strony dobrze im się ze sobą pracowało, na stopie prywatnej było między nimi bardzo dużo napięcia i ambiwalencji. Mieli trudności nie tylko we własnym związku, ale również w układach z innymi członkami Wydziału, z innymi wydziałami w Medical Center i w pracy z osobami z innych dyscyplin naukowych w innych centrach medycznych. Było to typowe dla atmosfe-

[1] William Thetford zmarł w lipcu 1988.

ry na dużym uniwersytecie lub w centrum medycznym i Columbia nie stanowiła pod tym względem wyjątku.

Punkt zwrotny nadszedł pewnego wiosennego dnia w 1965 roku, gdy Helen i Bill musieli wybrać się na drugi koniec miasta do Cornell Medical Center na regularne, interdyscyplinarne zebranie. Owe zebrania były zazwyczaj nieprzyjemne i odbywały się w atmosferze rywalizacji i obgadywania, czyli w typowy dla środowiska akademickiego sposób. Helen i Bill oczywiście również w tym uczestniczyli, krytykując i osądzając innych. Tego dnia jednak, tuż przed ich wyjściem na zebranie, Bill, który był raczej spokojnym i skromnym mężczyzną, zrobił coś bardzo dla niego niezwykłego. W wyjątkowo emocjonalnych słowach skierowanych do Helen stwierdził, że musi istnieć jakiś lepszy sposób na radzenie sobie z tymi zebraniami i pojawiającymi się problemami. Czuł, że powinni kierować się w większym stopniu miłością i akceptacją, zamiast działać zgodnie z duchem rywalizacji i krytyki.

Helen zareagowała równie niespodziewanie i nietypowo, ponieważ zgodziła się z nim i obiecała pomóc w znalezieniu owego innego sposobu. Ich zgoda była bardzo niezwykła dla nich obojga, gdyż mieli raczej skłonność wzajemnie się krytykować niż akceptować. Ich połączenie się służy za przykład ilustrujący to, co *Kurs* nazywa świętą chwilą, a święta chwila – o czym wspomniałem na początku – jest środkiem zbawienia.

Na poziomie, którego żadne z nich nie było świadome, chwila ta zadziałała jak sygnał prowadzący do całej serii przeżyć, których Helen zaczęła doznawać zarówno na jawie, jak i w swych snach. Wspomnę o kilku z nich – tych, które mają silnie parapsychiczny charakter, jak również aspekt zdecydowanie religijny, gdyż postać Jezusa zaczęła się w nich pojawiać coraz bardziej regularnie. Tym, co czyniło to trochę niespodziewanym, była postawa, którą Helen przyjęła w tym okresie swojego życia. Miała około pięćdziesięciu lat i obrała rolę zagorzałej ateistki, sprytnie przesłaniając tym gorzką urazę do Boga, Który według niej o nią nie zadbał. Była więc agresywna w stosunku do wszelkich sposobów myślenia, które osądzała jako mętne lub niejasne i których nie można studiować, mierzyć czy ewaluować. Była bardzo dobrym psychologiem-badaczem i posiadała bystry, analityczny i logiczny umysł nietolerujący żadnego kierunku myślenia, który od tego odbiegał.

Od dziecka miała zdolność parapsychiczną polegającą na widzeniu rzeczy, których w danym miejscu nie było. Nie zwracała jednak na to większej uwagi, przypuszczając, że wszyscy obdarzeni są podobnymi zdolnościami. Miała też w młodym wieku jedno czy dwa dość uderzające przeżycia mistyczne, na które też nie zwróciła uwagi. W rzeczy samej, nawet o nich dotychczas nikomu nie wspominała. Bardzo ją więc zdumiało, gdy zaczęła doznawać tych wszystkich przeżyć. Napawały ją też dużym lękiem. Po części obawiała się, że traci zmysły. Nie było to coś normalnego i gdyby Bill nie był przy niej, by ją wspierać i zachęcać, myślę, że przerwałaby cały ten proces.

Bardzo ważne jest rozpoznanie, jak zasadnicze znaczenie miała stała pomoc Billa i jego ciągłe łączenie się z Helen. Gdyby nie to, *Kurs cudów* nigdy nie zostałby zapisany. Widzimy więc kolejny przykład podstawowej zasady samego *Kursu* wyrażanej raz po raz, na wiele różnych sposobów: „Zbawienie jest przedsięwzięciem opartym na współpracy" (T-4.VI.8:2), „Do arki pokoju wstępuje się po dwoje" (T-20.IV.6:5), „Nikt nie może sam wstąpić do Nieba" (K-czI.134.17:7) i „albo razem, albo wcale" (T-19.IV.D.12:8). Bez połączenia się Helen i Billa w tym przedsięwzięciu nie byłoby *Kursu* i nie zebralibyśmy się tutaj dzisiaj, by o nim mówić.

Jedna cała seria przeżyć Helen odegrała się latem, prawie jak serial. Występowała w różnych segmentach na jawie. Nie była marzeniem sennym. Zaczęła się od jej spaceru po opuszczonej plaży i znalezienia na piasku łodzi. Helen zrozumiała, że jej zadanie polegało na zepchnięciu łodzi z plaży do wody. Nie było to jednak możliwe, gdyż łódź zanadto ugrzęzła w piasku. W tym momencie pojawił się obcy mężczyzna i zaofiarował pomoc. Na dnie łodzi Helen zauważyła coś, co opisała jako pradawny zestaw nadajnika i odbiornika. Powiedziała do nieznajomego: „być może to będzie nam pomocne". On jednak odparł: „Nie jesteś jeszcze na to gotowa. Zostaw to". Udało mu się jednakże zepchnąć łódź do wody. Kiedykolwiek Helen była w tarapatach lub na morzu szalała burza, mężczyzna ten zawsze pojawiał się, by jej pomóc. Po jakimś czasie rozpoznała go jako Jezusa, mimo że nie wyglądał tak, jak ludzie zwykle go przedstawiają. Zawsze jednak, gdy pojawiały się trudności, służył jej pomocą.

W końcu, podczas ostatniej sceny owej serii, łódź dotarła do celu i znalazła się w czymś przypominającym kanał, w którym wszystko było ciche, niczym nie zakłócone i spokojne. Na dnie łodzi leżała wędka, a na końcu linki na dnie morza – szkatuła. Helen ujrzała ją i wpadła w wielki entuzjazm, gdyż w owym okresie swojego życia uwielbiała biżuterię i rozmaite ładne rzeczy. Cieszyła się na to, co znajdzie w szkatule. Wyciągnęła ją, ale bardzo się rozczarowała, gdy po jej otwarciu ujrzała dużą, czarną książkę. Na grzbiecie książki widniało imię Asklepiosa – greckiego boga nauk lekarskich. Helen nie rozpoznała wówczas tego imienia. Dopiero po wielu latach, gdy cały *Kurs* był już spisany i umieszczony w czarnych segregatorach, ona i Bill zdali sobie sprawę z tego, że wyglądały one tak samo jak książka znaleziona przez Helen w owej szkatule. Helen zobaczyła tę szkatułę raz jeszcze, tym razem zarzucony był na nią sznur pereł. Kilka dni później miała sen, w którym nad jakimiś wioskami leciał bocian, a w jego torbie znajdowała się czarna książka ze złotym krzyżem na okładce. Głos powiedział do niej: „To jest twoja książka" (miało to miejsce przed pojawieniem się *Kursu*).

W innym, bardzo ciekawym przeżyciu Helen ujrzała siebie wchodzącą do jaskini. Była to prastara jaskinia, a na jej podłodze leżało coś przypominającego zwój Tory – pierwszej części Starego Testamentu – na dwóch drążkach, na które nawinięty był pergamin. Był tak stary, że gdy go podniosła, związujący go sznurek zerwał się i rozpadł. Helen spojrzała na zwój i rozwinęła go. Na środkowej kolumnie widniały słowa „BÓG JEST". Bardzo jej się to spodobało. Następnie rozwinęła go jeszcze trochę i zarówno po lewej, jak i po prawej stronie, ujrzała niezapisane kolumny. Głos powiedział do niej: „Jeżeli spojrzysz na lewo, będziesz mogła odczytać wszystko, co kiedykolwiek się zdarzyło. Jeśli zaś spojrzysz na prawo, będziesz mogła przeczytać wszystko, co kiedykolwiek się zdarzy". Ona powiedziała jednak: „Nie, to mnie nie interesuje. Chcę tylko środkowego napisu".

Helen zwinęła więc zwój z powrotem tak, że jedynym, co widziała, były słowa „BÓG JEST". Głos rzekł wówczas do niej: „Dziękuję. Tym razem ci się powiodło". Uświadomiła sobie wtedy, że przeszła pewnego rodzaju test, czego nie była w stanie dokonać poprzednio. Oznaczało to naprawdę, że wyraziła pragnienie, by nie posługiwać się niewłaściwie posiadaną zdolnością. Innymi słowy – nie posługiwać się nią w celu zdobycia żadnej mocy lub dla ciekawości. Jedynym, czego naprawdę szukała, była teraźniejszość, w której znajduje się Bóg.

Jedna z lekcji w *Książce ćwiczeń* brzmi: „Mówimy »Bóg jest« i potem przestajemy mówić", bo poza tymi dwoma słowami nie ma nic więcej do powiedzenia (K-czI.169.5:4). Myślę, że urywek ten nawiązuje do owego przeżycia w jaskini. W całym *Kursie* silny nacisk kładzie się na idee mówiące o tym, że przeszłość już nie istnieje i że nie powinniśmy przejmować się przyszłością, która także nie istnieje. Powinniśmy dbać jedynie o teraźniejszość, ponieważ tylko w niej możemy znać Boga.

Jeszcze jeden, ostatni epizod – Helen i Bill jechali do Mayo Clinic w Rochester w stanie Minnesota, by spędzić tam dzień na studiowaniu sposobów, w jakie psychologowie przeprowadzają ewaluacje. Poprzedniej nocy Helen ujrzała w umyśle bardzo wyraźny obraz kościoła, który – jak z początku sądziła – był kościołem katolickim, lecz który – jak sobie później uświadomiła – był luterański. Widziała go tak wyraźnie, że go naszkicowała. Patrząc na niego w dół w swojej wizji, nabrała przeświadczenia, że ona i Bill ujrzą go podczas lądowania ich samolotu w Rochester. Stał się więc ów kościół bardzo ważnym miernikiem tego, czy była poczytalna, czy nie, ponieważ zaczynała w tym okresie wątpić w swoją poczytalność i nie była w stanie naprawdę zrozumieć tych wszystkich wewnętrznych doznań. Czuła, że gdyby mogła zobaczyć ten kościół, uspokoiłaby się, gdyż oznaczałoby to, że nie zwariowała. Gdy wylądowali, nie ujrzeli go jednak. Ogromnie ją to zaniepokoiło, więc Bill zamówił taksówkę, by zawiozła ich do każdego kościoła w Rochester. Sądzę, że było ich w mieście dwadzieścia sześć, lecz nie znaleźli kościoła Helen. Bardzo się tym przejęła, ale nic więcej nie dało się tamtej nocy zrobić.

Następny dzień był pełen zajęć, a wieczorem wracali do Nowego Jorku. Gdy czekali na lotnisku, Bill, któremu często zdarzały się takie rzeczy, natknął się na książkę, którą Louis – mąż Helen – chętnie by według niego przejrzał. Zawierała historię Mayo Clinic i Bill, wertując ją, zobaczył zdjęcie opisanego przez Helen kościoła. Znajdował się on kiedyś na terenie Mayo Clinic, ale zburzono go, aby zbudować tam klinikę. Helen spoglądała na niego w dół, bo już go nie było – spoglądała na niego w dół w czasie. Trochę ją to pocieszyło, ale na tym owa historia się nie kończy.

Helen i Bill musieli przesiąść się na inny samolot w Chicago. Był już późny wieczór, a oni odczuwali ogromne zmęczenie. Siedzieli w terminalu, gdy Helen zauważyła kobietę, która nie zwracała na nikogo uwagi. Siedziała na przeciwko nich w poczekalni. Helen wyczuła, że kobieta ta była bardzo zdenerwowana, mimo że nie było widać żadnych zewnętrznych tego oznak. Podeszła do niej. Zazwyczaj takich rzeczy nie robiła, lecz tym razem czuła, że naprawdę powinna. I rzeczywiście – nieznajoma była bardzo przejęta. Uciekła właśnie od męża i dzieci i jechała do Nowego Jorku, gdzie nigdy przedtem nie była. Miała tylko trzysta dolarów przeznaczonych na pobyt w Nowym

Jorku i ogromnie się bała również dlatego, że nigdy przedtem nie leciała samolotem. Helen zapoznała się z nią, przyprowadziła ją do Billa i razem zaopiekowali się nią w samolocie. Kobieta siedziała między nimi i w pewnym momencie powiedziała Helen, że miała zamiar zatrzymać się w luterańskim kościele, gdyż była luteranką. Helen usłyszała wówczas wewnętrzny głos: „Oto mój prawdziwy kościół". Zrozumiała, że dla Jezusa prawdziwy kościół nie był budynkiem, lecz niesieniem pomocy drugiej osobie i łączeniem się z nią.

Gdy dotarli do Nowego Jorku, Helen i Bill umieścili swoją nową przyjaciółkę w hotelu i, co interesujące, wpadali na nią przez następnych kilka dni. Myślę, że Bill spotkał ją raz przypadkowo w *Bloomingdale's* – dużym domu towarowym w Nowym Jorku, a Helen zaprosiła ją raz czy dwa razy na obiad. Kobieta ta w końcu wróciła do rodziny, lecz nadal utrzymywała kontakt z Helen, na przykład przesyłając jej kartki świąteczne. Raz zadzwoniła do Helen, gdy u niej byłem. Historia ta jest ważna, ponieważ demonstruje, że nie parapsychiczne zjawisko samo w sobie jest ważne, lecz cel duchowy tkwiący u jego podłoża – w tym przypadku była nim pomoc drugiemu człowiekowi.

Pewnego dnia w połowie października Helen powiedziała do Billa: „Myślę, że uczynię coś bardzo nieoczekiwanego". W tym momencie Bill zasugerował, by sprawiła sobie notatnik i zapisywała wszystkie swoje myśli lub to, co będzie słyszała, jak również swoje sny. Helen zaczęła to robić. Znała stenografię i była w stanie zapisywać słowa bardzo szybko. Pewnego wieczoru dwa tygodnie później usłyszała, jak głos powiedział do niej: „To jest kurs cudów. Notuj, proszę". Wpadła w taką panikę, że zadzwoniła do

Billa i spytała: „Ten głos wciąż powtarza mi te słowa. Co mam robić?”. Bill zareagował w sposób, za który późniejsze pokolenia będą nazywały go zaiste błogosławionym. Odpowiedział: „Zrób to, co głos mówi”. Helen posłuchała. Zaczęła pisać pod dyktando i siedem lat później powstały z tego nasze trzy książki nazywane *Kursem cudów*.

Helen doświadczała głosu jak wewnętrznego magnetofonu. Mogła go włączyć lub wyłączyć, zgodnie z tym, czego sobie życzyła. Nie mogła go jednak „wyłączyć” na zbyt długo, gdyż stawała się rozdrażniona. Była w stanie zapisywać to, co głos powiedział, choć mówił bardzo szybko. Jej stenografia bardzo się zatem przydała. Robiła to też w pełni przytomności. Nie było to pisanie automatyczne, nie był to trans ani nic w tym rodzaju. Mogła akurat pisać, gdy zadzwonił telefon – odkładała wówczas pióro, załatwiała daną sprawę i wracała, by dokończyć to, co przerwała. Często była w stanie podjąć pisanie w tym samym miejscu. Jest to tym bardziej niezwykłe, gdy uświadomimy sobie, że przecież duża część *Kursu* napisana jest białym wierszem – pięciostopowcem jambicznym – a ona mogła robić coś takiego i nie zgubić rytmu ani znaczenia tego, co głos mówił.

Prawdopodobnie najbardziej przerażało Helen w tym doświadczeniu to, że głos przedstawił się jako Jezus. Znaczna część *Kursu* napisana jest w pierwszej osobie i Jezus bardzo dużo mówi o swym ukrzyżowaniu. Nie można nie rozpoznać tożsamości tego głosu. *Kurs* twierdzi jednak, że aby odnieść korzyść z jego przesłania, wiara w to, że głos ten należał do Jezusa, nie jest konieczna. Sądzę, że jest dużo łatwiej, jeśli się w to wierzy, gdyż nie potrzeba uprawiać przy czytaniu żadnej umysłowej gimnastyki. Nie jest to jednak konieczne, aby ćwiczyć zasady *Kursu*. Sam *Kurs* to mówi. *Podręcznik dla nauczycieli* zawiera podrozdział o Jezusie, w którym mowa jest o tym, że przyjęcie Jezusa do naszego życia nie jest konieczne, ale jeżeli mu na to zezwolimy, będzie w stanie pomóc nam o wiele bardziej (P-5.6:6-7).

Helen nie miała żadnych wątpliwości co do tego, że głos ten należał do Jezusa, co ją tym bardziej przerażało. Doświadczenie to nie było dla niej przyjemne. Robiła to, ponieważ wierzyła, że w pewnym sensie stanowiło to jej powinność. Któregoś dnia gorzko narzekała, rozmawiając z Jezusem: „Dlaczego mnie wybrałeś? Dlaczego nie wybrałeś jakiejś świętej zakonnicy albo kogoś podobnego? Jestem ostatnią osobą na świecie, która powinna to robić". On na to odpowiedział: „Nie wiem, dlaczego tak twierdzisz, skoro jednak mimo wszystko to robisz". Nie mogła się z nim sprzeczać, gdyż faktycznie już to robiła i najwyraźniej wybór, który padł na nią, był trafny.

Zapisywała słowa *Kursu* codziennie, przeważnie w swoim notesie stenograficznym. Następnego dnia, kiedy tylko pozwolił na to czas w ich bardzo wypełnionym zajęciami kalendarzu, dyktowała Billowi to, co jej podyktowano, on zaś zapisywał to na maszynie. Żartował, że zazwyczaj musiał jedną ręką trzymać Helen, żeby nie upadła, podczas gdy drugą pisał na maszynie. Helen miała ogromne trudności nawet z odczytywaniem tego, co zapisała. W ten sposób *Kurs cudów* został pierwotnie zapisany. Jak już wspomniałem, proces ten przebiegał siedem lat.

Kurs, jak większość z Was wie, składa się z trzech książek: *Tekstu*, *Książki ćwiczeń dla studentów* i *Podręcznika dla nauczycieli*. *Tekst* – najtrudniejsza z owych trzech książek w czytaniu – zawiera podstawową teorię *Kursu*. *Książka ćwiczeń* składa się z 365 lekcji, jednej na każdy dzień roku, i jest istotna jako praktyczne zastosowanie zasad *Tekstu*. *Podręcznik dla nauczycieli* jest dużo krótszy i najłatwiejszy z książek w czytaniu, gdyż składa się z odpowiedzi na niektóre z naszych bardziej typowych pytań. Jest też dobrym podsumowaniem wielu zasad *Kursu*. Podrozdział *Wyjaśnienie pojęć* powstały szereg lat po tym, gdy sam *Kurs cudów* był już ukończony, funkcjonuje niemal jako dodatek. Stanowił on próbę zdefiniowania niektórych słów używanych w *Kursie*. Jeśli jednak nie wie się, co one oznaczają, czytanie tego podrozdziału nie pomoże; mimo to zawiera pewne bardzo piękne fragmenty.

Helen i Bill nie dokonywali żadnych poprawek. Książki, po które możecie teraz sięgnąć, są właściwie takie, jakimi zostały przekazane. Jedyne zmiany wprowadzono dlatego, że tekst został podany w całości, bez podziału na podrozdziały i rozdziały. Nie podano interpunkcji ani podziału na akapity. Helen i Bill rozpoczęli pracę nad układem tekstu, a gdy dołączyłem do nich w 1973, przejrzałem z Helen cały manuskrypt. Podział na podrozdziały i opatrzenie tekstu tytułami pochodzi zatem od nas. *Książka ćwiczeń dla studentów* nie przedstawiała problemu, gdyż są to lekcje, a *Podręcznik dla nauczycieli* zawiera pytania i odpowiedzi. Tak więc problem zaistniał jedynie w *Tekście,* lecz bardzo często oryginalny materiał podyktowano w logicznych segmentach, w związku z czym podział na podrozdziały i rozdziały nie był trudny. Przez cały czas czuliśmy, że działamy zgodnie ze wskazówkami Jezusa, tak że wszystko, co robiliśmy, było wykonane zgodnie z tym, czego on sobie życzył.

Gdy *Kurs* się rozpoczął, zawierał bardzo dużo osobistych wskazówek przekazanych Helen i Billowi, aby im pomóc w rozumieniu tego, co się działo i w udzielaniu sobie wzajemnej pomocy. Składało się na to dużo materiału, który miał pomóc im w przyjęciu tego, co zostało im dane. Ponieważ byli psychologami, znajdowały się tam wiadomości dotyczące Freuda i innych osób przekazane im jako pomoc w wypełnieniu luki między tym, co wiedzieli, a tym, co mówił *Kurs*. Jezus z oczywistych powodów poinstruował Helen i Billa, aby je usunęli, ponieważ nie dotyczyły podstawowych nauk *Kursu*. Wynikł z tego jedynie taki problem, że pozostawiło to pewne luki z punktu widzenia stylu. Czasem dodaliśmy więc jakąś frazę lub dwie, nie ze względu na treść, lecz jedynie by wygładzić te przejścia. Miało to miejsce tylko na początku tekstu.

Styl pierwszych czterech rozdziałów zawsze stanowił dla nas problem. Należą one do najtrudniejszych w czytaniu części *Kursu*. Myślę, że zostało to spowodowane usunięciem osobistego materiału, co też sprawiło, że tekst jest w czytaniu trochę nierówny. Staraliśmy się, jak mogliśmy, by go wygładzić. Poza tym, na początku Helen była tak przerażona tym, co się działo, że choć nie miało to wpływu na jej słuch pod kątem znaczenia tego, co słyszała, decydowało to jednak często o stylu i składni.

Na samym początku na przykład słowa „Duch Święty" nie były zazwyczaj używane. Helen tak bała się tego pojęcia, że Jezus użył frazy „Duchowe oko". Zostało to później zastąpione „Duchem Świętym", zgodnie z instrukcjami Jezusa. Słowo „Chrystus" również nie było na początku z tego samego powodu używane, lecz zostało podyktowane później. Po miesiącu czy dwóch Helen uspokoiła się jednak i, począwszy od piątego rozdziału, *Kurs* pozostał zasadniczo taki, jakim go przekazano.

Kolejną nierozstrzygniętą kwestią była pisownia wielką literą. Helen miała tendencję do zapisywania wielką literą każdego słowa, które nawet w najmniejszym stopniu kojarzyło się z Bogiem. Ów dylemat dotyczący tego, które słowa należało zapisywać wielką literą, a które nie, stał się zmorą mojego życia. Były jednakże pewne słowa, w przypadku których Jezus domagał się pisowni wielką literą, co miało pomóc w ich rozumieniu.

Ponieważ Helen była kompulsywną i doprawdy znakomitą redaktorką materiałów do publikacji naukowych, bardzo kusiło ją, by zmieniać pewne słowa i w ten sposób dać zadość własnym stylistycznym preferencjom. Zawsze była jednak instruowana, by tego nie czynić, nie czyniła więc tego. Wymagało to ogromnej siły woli. Kilka razy zmieniła słowa, miała jednak zadziwiającą pamięć i zawsze potrafiła sobie przypomnieć, kiedy to uczyniła. Odkrywała dwieście czy trzysta stron później, że powodem użycia jakiegoś słowa było to, że tekst nawiąże do niego później. Zawsze więc cofała się i zmieniała z powrotem słowo, które sama zmieniła.

Zapisywanie *Kursu cudów* ukończono jesienią 1972 roku, ja zaś poznałem Helen i Billa zimą tego samego roku. Nasz wspólny przyjaciel, który był księdzem-psychologiem i część swego szkolenia zaliczył u Helen i Billa, wiedział o *Kursie*. Poznaliśmy się tej jesieni. Jechałem wtedy do Izraela, a on tuż przed moim wyjazdem nalegał, abym spotkał parę jego przyjaciół. Spędziliśmy razem wieczór i padła wzmianka o napisanej przez Helen książce na temat duchowości. Nic więcej jednak nie powiedziano ani o tym, czym owa książka była, ani skąd się wzięła.

Spotkaliśmy się w mieszkaniu Billa i pamiętam, że Bill wskazał na róg pokoju, w którym leżała sterta siedmiu dużych segregatorów zawierających *Kurs*. Nie zabierałem wtedy ze sobą do Izraela prawie niczego i naprawdę nie sądziłem, że powinienem zająć się tymi tomami. Szalenie jednak zaintrygowało mnie to, o czym mówili, choć powiedzieli bardzo niewiele. Później tego wieczoru towarzyszyłem księdzu w drodze do jego domu. Powiedział mi, że też ma kopię tej książki, gdybym chciał ją zobaczyć. Miałem silne uczucie, że nie powinienem czynić tego w owym momencie, lecz przez cały czas pobytu w Izraelu myślałem o owej książce. Napisałem do Helen i wspomniałem, że po powrocie chciałbym zobaczyć jej książkę. Powiedziała mi później, że słowo „Książka" napisałem wielką literą. Nie byłem tego świadomy. Zwykle nie używam wielkich liter, lecz najwyraźniej wtedy to uczyniłem.

Jak już wspomniałem, przez cały okres pobytu w Izraelu myślałem o owej książce i czułem, że było w niej coś dla mnie ważnego. Wróciłem wiosną 1973 roku, zamierzając wtedy spędzić tylko trochę czasu na odwiedzinach rodziny i przyjaciół, po czym wrócić do Izraela, aby zatrzymać się na nieokreślony czas w klasztorze. Bardzo interesowała mnie jednak ta książka, koniecznie więc chciałem pójść do Helen i Billa. W momencie, gdy ją ujrzałem, zmieniłem plany i postanowiłem zostać w Nowym Jorku.

Z mojego punktu widzenia *Kurs cudów* jest najlepszą integracją psychologii i duchowości, jaką kiedykolwiek widziałem. Nie zdawałem sobie wówczas naprawdę sprawy z tego, że brakowało mi czegoś w moim życiu duchowym, ale gdy zobaczyłem *Kurs*, uświadomiłem sobie, że był rzeczywiście tym, czego szukałem. Gdy znajdzie się to, czego się szukało, zostaje się z tym.

Jedną z ważnych rzeczy dotyczących *Kursu* jest jego bardzo wyraźne stwierdzenie, że nie stanowi jedynej drogi do Nieba. Mówi na początku *Podręcznika dla nauczycieli*, że jest zaledwie jedną formą uniwersalnego kursu, spośród wielu tysięcy innych (P-1.4:1-2). *Kurs cudów* nie jest dla wszystkich i błędem byłoby myśleć inaczej. Nic nie jest dla wszystkich. Uważam, że jest dość ważną drogą przedstawioną temu światu, lecz nie jest dla każdego. Tym, dla których *Kurs* nie jest drogą, Duch Święty da coś innego.

Błędem byłoby, gdyby ktoś zmagał się z *Kursem*, nie czując się z nim naprawdę dobrze, i potem myślał, że mu się nie powiodło. Sprzeciwiałoby się to wszystkiemu, co mówi sam *Kurs*. Nie zamierza on wzbudzać w ludziach poczucia winy! Wręcz przeciwnie. Dla tych jednak, dla których jest on drogą, przebrnięcie przezeń jest tego warte.

Pytanie: Podobno wiele osób go zaczyna, ale napotyka ogromny opór.

Odpowiedź: To się całkowicie zgadza! Jeśli ktokolwiek rzetelnie pracuje z *Kursem* bez jakiegoś okresu, w którym wyrzucił go przez okno, spuścił z wodą lub wymierzył nim w kogoś, to prawdopodobnie w rzeczywistości nie pracuje nad *Kursem*. Omówimy powody tego bardziej szczegółowo później, lecz ogólnym powodem jest ten, że *Kurs cudów* jest sprzeczny ze wszystkim, w co wierzymy. Niczego zaś nie trzymamy się bardziej uparcie niż naszego systemu myślowego niezależnie od tego, czy jest on słuszny, czy nie. Jest w *Kursie* zdanie, które zapytuje: „Wolisz mieć słuszność czy być szczęśliwy?" (T-29.VII.1:9). Większość z nas woli mieć słuszność niż być szczęśliwymi. *Kurs* jest więc z tym naprawdę sprzeczny i niezwykle skrupulatnie opisuje to, jak ego się myli. Ponieważ wszyscy bardzo utożsamiamy się z owym ego, będziemy walczyć przeciwko temu systemowi. Powtarzam więc, że naprawdę według mnie coś jest nie tak, jeżeli uczeń nie doświadczy w jakimś punkcie oporu wobec *Kursu* lub trudności z nim.

Na początku, gdy *Kurs* zaczynał być spisywany, wiedziała o nim zaledwie garstka osób – może nawet mniej, niż można byłoby zliczyć na palcach jednej ręki. Helen i Bill traktowali go tak, jakby był głęboką, ciemną, wstydliwą tajemnicą. Prawie nikt z ich rodziny, grona przyjaciół czy współpracowników nic o nim nie wiedział. Jako część „planu", tuż przed pojawieniem się *Kursu* dostali bardzo odosobnione i prywatne biura. Mogli więc spisać cały ten materiał i nie kolidowało to z ich pracą, pomimo faktu, że w owym okresie byli niezwykle zajęci. Nikt jednak nie wiedział, co robili. Ukrywali to jako pilnie strzeżoną tajemnicę, co wciąż było prawdą, gdy ja się pojawiłem.

W ciągu pierwszego roku, który spędziłem z Helen i Billem, opracowaliśmy cały manuskrypt aż wszystko było tak, jak miało być. Sprawdziliśmy wszystkie tytuły, a Helen i ja przejrzeliśmy każde słowo. Ów proces zajął około roku, a gdy manuskrypt został ukończony, ponownie przepisaliśmy go na maszynie. Tak więc pod koniec roku 1974 lub na początku 1975 roku cały *Kurs* był gotowy. Nie wiedzieliśmy jednak, do czego był gotowy. Tkwił nadal w szafie, że tak powiem, ale my wiedzieliśmy, że był gotowy.

Wiosną 1975 roku pojawiła się następna osoba, a była nią Judith Skutch. To, jak się ukazała, jest interesującą historią, ale nie będę teraz o tym mówił. Niespodziewane zdarzenia poprowadziły do innych niespodziewanych zdarzeń i Judith pojawiła się z Douglasem Deanem. Niektórzy z was mogą znać Douglasa – słynnego parapsychologa. Pozornie w jakimś innym celu wstąpili któregoś popołudnia do Medical Center. Czuliśmy, że powinniśmy pokazać im *Kurs*, co też uczyniliśmy. W owym momencie czuliśmy się prawie tak, jakby opuścił nasze ręce i poszedł w jej ręce, aby przejść do następnego etapu. To w końcu doprowadziło do jego opublikowania. Nie mieliśmy w tej dziedzinie żadnego doświadczenia i nie czuliśmy się za to odpowiedzialni. Uważaliśmy jednak, że byliśmy odpowiedzialni za zatroszczenie się o to, aby trafił we właściwe ręce i że musiało się to stać we właściwy sposób, nie my jednak mieliśmy go opublikować. Była to rola Judy, którą zaiste spełniła ona doskonale.

Być może zauważycie w swoich książkach, że datą rozpoczęcia ochrony praw autorskich jest rok 1975, mimo że książki nie zostały opublikowane do 1976 roku. Tego lata przyjaciel Judy z Kalifornii zrobił fotooffset *Kursu* i wydrukowano w ten sposób 300 kopii. *Kurs cudów* jako taki wydano w formie, w jakiej jest teraz, w roku 1976. To zaś wiązało się z jednym „cudem" po drugim. To, jak szybko wszystko się potoczyło, było zaprawdę „cudowne". Książki wyszły po raz pierwszy w czerwcu 1975 roku, a do teraz (czyli do 1999 roku) doczekały się ponad czterdziestu nakładów.

Foundation for Inner Peace publikuje i rozprowadza *Kurs cudów*. *Kurs* nie jest ruchem ani religią, nie jest kolejnym kościołem. Jest raczej systemem, dzięki któremu pojedyncze jednostki mogą znaleźć własną ścieżkę do Boga i ćwiczyć jego zasady. Jak większość z was wie, grupy powstają samoistnie w całym kraju i zawsze czuliśmy, że bardzo ważne jest, by nie powstała żadna organizacja funkcjonująca jako organ autorytatywny.

Żadne z nas nie chciało zostać obsadzone w roli guru. Helen zawsze była tego pewna. Ludzie przychodzili i dosłownie siedzieli u jej stóp, a ona prawie deptała im po głowach. Naprawdę nie chciała zostać główną postacią *Kursu*. Czuła, że głównymi postaciami *Kursu cudów* są Jezus lub Duch Święty i tak ma pozostać. Było to dla niej bardzo ważne. Wszystko inne oznaczałoby utworzenie struktury podobnej do kościelnej – ostatniej rzeczy, jakiej życzyłby sobie autor *Kursu*.

Pytanie: W jaki sposób zarabialiście na życie w tamtym okresie?

Odpowiedź: Helen i Bill mieli pełne etaty, ja zaś pracowałem w Medical Center na pół etatu i prowadziłem też niepełnoetatową praktykę psychotherapii. Wypełniałem swoje obowiązki szybko, tak że resztę czasu mogliśmy spędzać z Helen na redagowaniu *Kursu* i na tym, co było do zrobienia. Wszystko to odbywało się w naszym „wolnym czasie", ale myślę, że to raczej naszą działalność zawodową prowadziliśmy w wolnym czasie. Niemniej jednak w okresie przekazywania *Kursu* Helen i Bill byli niesamowicie zajęci swymi rozmaitymi obowiązkami.

Pytanie: Czy kiedykolwiek powiedziano wam coś o czasie, w którym się pojawił? Dlaczego przyszedł akurat teraz?

Odpowiedź: Tak. Na początku procesu dyktowania Helen otrzymała wyjaśnienie tego, co się działo. Powiedziano jej, że miało miejsce „niebiańskie przyspieszenie". Jezus powiedział jej, że świat był w raczej złym stanie, co jest oczywiste dla każdego, kto rozgląda się wokół siebie. Było to w połowie lat sześćdziesiątych, a teraz wydaje się, że świat jest w jeszcze gorszym stanie. Ludzie mieli ogromne kłopoty i poproszono niektórych, by użyczyli swych szczególnych zdolności na rzecz owego niebiańskiego przyspieszenia jako pomocy w przyprowadzaniu porządku w świecie. Helen i Bill byli zaledwie dwojgiem ludzi spośród wielu, którzy zaofiarowali swe szczególne zdolności na rzecz tego planu. W ostatnich piętnastu latach wzrosła liczba tekstów, o których twierdzono, że były natchnione. Ich przeznaczeniem było udzielenie ludziom pomocy w zmianie myślenia o naturze świata. Jak już mówiłem, *Kurs cudów* to tylko jeden z wielu sposobów. To ważne. Podkreślam to ze względu na najtrudniejszy problem, którym *Kurs* się zajmuje, a o którym będzie mowa nieco później – wyjątkowe związki. Bardzo kuszące jest wejście w wyjątkowy związek z *Kursem* i uczynienie go czymś naprawdę wyjątkowym w negatywnym sensie. Gdy przejdziemy później do tematu wyjątkowych związków, stanie się to jaśniejsze.

Rozdział 2

JEDNIA UMYSŁOWA – ŚWIAT NIEBA

Jednym z pomocnych sposobów prezentowania materiału zawartego w *Kursie cudów* może być podzielenie go na trzy segmenty, skoro *Kurs* opisuje właściwie trzy różne systemy myślowe: Jednię umysłową reprezentującą świat Nieba, nieprawidłową umysłowość, która reprezentuje system myślowy ego, i prawidłową umysłowość – reprezentację systemu myślowego Ducha Świętego.

Na początku pomocne jest również zwrócenie uwagi na to, że *Kurs cudów* napisany jest na dwóch poziomach (zob. diagram na następnej stronie). Pierwszy poziom przedstawia różnicę między Jednym Umysłem a umysłem odszczepionym, podczas gdy drugi kontrastuje nieprawidłową i prawidłową umysłowość. Na pierwszym poziomie, na przykład, świat i ciało uważane są za złudzenia wytworzone przez ego. Symbolizują zatem oddzielenie od Boga.

Drugi poziom odnosi się do tego świata, w którym – jak wierzymy – jesteśmy, tak więc na tym poziomie świat i ciało widziane są jako neutralne i mogą służyć jednemu z dwóch celów. Dla ego, kierującego się nieprawidłową umysłowością, są instrumentami używanymi do wzmacniania oddzielenia. Dla prawidłowego umysłu są narzędziami nauki Ducha Świętego, poprzez które uczymy się Jego lekcji przebaczenia. A zatem na tym drugim poziomie pojęcie *złudzenia* odnosi się do błędnych spostrzeżeń ego; na przykład do widzenia ataku zamiast wołania o pomoc, grzechu zamiast błędu.

POZIOM PIERWSZY

Bóg
duch

Umysł - - - - - - - - - - - - - - - - - - - umysł

Ja – Chrystus poznanie – Niebo duch jednia rzeczywistość wieczność miłość życie Jeden Umysł	← **Duch Święty** →	*ja* – ego postrzeganie – świat ciało oddzielenie sen czas lęk śmierć rozszczepiony umysł

POZIOM DRUGI

nieprawidłowy umysł	**prawidłowy umysł**
grzech ↓ wina ↓ lęk ↓ zaprzeczenie ↓ projekcja (wyjątkowe związki) nienawiść miłość ↘ ↙ wina	Pokuta cud przebaczenie święty związek zbawienie rzeczywisty świat szczęśliwy sen

Mając to na uwadze, rozpocznijmy więc naszą dyskusję o trzech systemach myślowych *Kursu*. Zaczniemy od pierwszego, który w rzeczywistości jest jedynym i który opisany jest na początku *Tekstu* jako Jednia umysłowa Chrystusa lub Boga. Jest to system myślowy niemający nic wspólnego z tym światem. Omówię go teraz pokrótce, po czym go odłożymy, gdyż w istocie nie na niego położony jest główny nacisk w *Kursie*. Stanowi on jego podstawę i fundament, lecz nie nad tym musimy pracować.

Jednia umysłowa jest światem Nieba, który *Kurs cudów* nazywa poznaniem. Przy pierwszym kontakcie z *Kursem* jedną z trudności, jaką się napotyka, jest to, że używa on słów inaczej niż my ich używamy w powszednim języku. Jeżeli nałożymy na *Kurs* własne rozumienie jakiegoś słowa, będziemy mieli duże problemy. Takie słowa jak „grzech", „świat", „rzeczywistość", „Bóg", „Jezus", „poznanie", itd. używane są w nieco inny sposób niż ten, w jaki normalnie ich używamy. Jeśli mamy być wierni *Kursowi* i zrozumieć to, co on mówi, niezależnie od tego, czy zgadzamy się z nim, czy nie, musimy również rozumieć znaczenie jego słów i sposób, w jaki on ich używa we własnym kontekście.

Jednym z tych słów jest „poznanie". *Kurs* nie używa tego terminu tak, jak my zwykle go używamy. Poznanie dotyczy jedynie Boga, a świat poznania nie ma nic wspólnego z tym światem. Poznanie nie jest przekonaniem ani systemem myślowym. Jest doświadczeniem, które całkowicie wykracza poza wszystko, co pochodzi z tego świata. Tak więc świat Nieba, świat poznania lub Boży świat ducha są tym samym. Gdy *Kurs cudów* mówi o świecie ducha, nie ma to nic wspólnego ze światem materii. Duch jest naszą prawdziwą rzeczywistością, naszym prawdziwym domem i, raz jeszcze, nie ma nic wspólnego z tym, czego doświadczamy tutaj jako naszej rzeczywistości.

Centralnym pojęciem w Niebie lub świecie poznania jest Trójca. Omówię pokrótce to, jak *Kurs* definiuje Trójcę, lecz najpierw pozwólcie, że wspomnę o czymś jeszcze – o zastrzeżeniu, które wiele osób wysuwa pod adresem *Kursu*. Pytają one: „Jeżeli temat i ogólna myśl *Kursu* są uniwersalne w swej naturze – głosząc, że wszyscy stanowimy jedność – to dlaczego przyszedł on właśnie w chrześcijańskiej formie?

Odpowiedź na to pytanie nabiera sensu w świetle jednej z podstawowych zasad *Kursu* – błąd trzeba odczynić tam, gdzie on się znajduje. Nie ma wątpliwości co do tego, że najbardziej dominującym wpływem w zachodnim świecie jest chrześcijaństwo. Nie ma ani nie było na świecie potężniejszego systemu myślowego, niezależnie od tego, czy identyfikujemy się jako chrześcijanie, czy nie. Nie ma na tym świecie nikogo, a z pewnością nie w świecie zachodnim, na kogo chrześcijaństwo nie wywarłoby ogromnego wpływu. Bez względu na to, czy utożsamiamy się z chrześcijaństwem, czy nie, żyjemy w chrześcijańskim świecie. Nawet nasz kalendarz opiera się na narodzinach i śmierci Jezusa. Chrześcijaństwo nie było jednak bardzo chrześcijańskie, co rozumie się samo przez się, gdy przyjrzymy się historii Kościołów.

Ponieważ chrześcijaństwo tak silnie oddziaływało na świat i nadal to czyni – a oddziaływanie owo nie było zbyt chrześcijańskie – niezmiernie ważne jest odczynienie najpierw błędów chrześcijaństwa, zanim będzie można uczynić cokolwiek innego, by radykalnie zmienić system myślowy świata. Wierzę, że to dlatego *Kurs* przyszedł właśnie w chrześcijańskiej formie. A zatem każdy czytający *Kurs,* kto został wychowany w wierze chrześcijańskiej, uświadomi sobie dość szybko, że chrześcijaństwo, o którym mowa w *Kursie,* nie ma nic wspólnego z chrześcijaństwem, którego został nauczony. Lois, mąż Helen, który był mężczyzną silnie identyfikującym się z judaizmem, powiedział mi raz, iż wie, że gdyby chrześcijaństwo było takie jak *Kurs,* antysemityzm nigdy by się nie pojawił. Co do tego nie ma wątpliwości.

Kurs przyszedł więc w tej formie, by naprawić błędy wprowadzone przez chrześcijaństwo. Cały *Kurs,* zwłaszcza początkowe rozdziały *Tekstu*, zawiera liczne odniesienia do Pisma Świętego (jest ich ponad 800) i wiele z nich zostało zreinterpretowanych. Na początku rozdziałów trzeciego i szóstego czytamy bardzo mocne fragmenty dotyczące ukrzyżowania, w których Jezus prostuje wypaczenia, tłumacząc to, w jaki sposób zaczęto błędnie rozumieć jego ukrzyżowanie (T-3.I; T-6.I). Wyjaśnia, dlaczego tak się stało i jak z tego błędu powstał cały system myślowy. Dyskusja Jezusa nie jest tradycyjnie chrześcijańska, mimo że jej zasady są chrześcijańskie w takim sensie, jaki on pierwotnie miał w związku z nimi na myśli.

Oto dlaczego *Kurs cudów* jest chrześcijański w swej formie i dlaczego Jezus kilkakrotnie w tekście mówi, że potrzebuje tego, abyśmy mu przebaczyli. Dotyczy to każdego, czy jest chrześcijaninem, Żydem czy ateistą. Nie ma na świecie nikogo, kto nie uczynił z Jezusa wroga – na takim czy innym poziomie, świadomie lub nie. Stało się tak z tego samego powodu, dla którego ludzie uważają jego *Kurs* za wroga. Zagraża on całemu fundamentowi systemu ego. Jak już więc powiedziałem, zanim będziemy mogli wyjść poza to, czym było chrześcijaństwo, musimy je wpierw przebaczyć. To zaś będzie całkowicie zgodne z zasadami *Kursu*.

To, że *Kurs* używa terminologii chrześcijańskiej, stanowi przeszkodę dla prawie każdego, kto go czyta. Jest to oczywistą przeszkodą dla tych, którzy zostali wychowani jako Żydzi, bo Żydzi uczą się bardzo wcześnie, że „Jezus" jest negatywnym słowem. Stanowi to przeszkodę dla większości chrześcijan, ponieważ *Kurs* wyraża formę chrześcijaństwa różniącą się od tej, którą znali. Ateista też napotka oczywiste trudności. Nie ma chyba nikogo, kto nie doświadczy jakichś trudności z *Kursem cudów* z powodu jego formy. To, że owa forma jest chrześcijańska, jest więc zamierzone; to, że Jezus nie ukrywa faktu, iż to on jest autorem *Kursu,* też nie jest przypadkowe. Jego celem jest udzielenie światu pomocy w przebaczeniu mu i w przebaczeniu sobie swych błędnych interpretacji.

Pytanie: A co z poezją?

Odpowiedź: Helen była entuzjastką Szekspira, a pięciostopowiec jambiczny, który występuje w dużej części *Kursu,* jest Szekspirowski w swoim stylu. Mamy tu też parę aluzji do sztuk Szekspira, a tłumaczenie Biblii, z którego pochodzą cytaty, to wersja Króla Jakuba. Mimo jednak pewnych uderzających paraleli między *Kursem* a naukami Biblii, różni się on zasadniczo, jak już powiedziałem, od tego, co moglibyśmy nazwać chrześcijaństwem biblijnym.

Jedna uwaga końcowa – ze względu na swe zamierzenie naprawienia chrześcijaństwa, *Kurs* celowo używa w odniesieniu do Trójcy chrześcijańskich słów i wyrażeń, które są rodzaju męskiego. Jest to kolejnym zastrzeżeniem wielu ludzi w stosunku do *Kursu*. Powód dla tego użycia jest dwojaki. Po pierwsze, język judaizmu i chrześcijaństwa posługuje się rodzajem męskim i *Kurs* po prostu to przejmuje; drugim powodem jest to, że przeważająca jego część napisana jest w formie poetycznej, a ciągłe mówienie „jego lub jej" byłoby nieco nieporęczne. Stanowi to część ograniczeń angielskiej gramatyki. Jeśli na przykład wspomni się o jakiejś osobie i w następnym zdaniu chce się ponownie nawiązać do niej za pomocą zaimka, to trzeba użyć rodzaju męskiego, aby być w zgodzie z regułami. Stanowi to wymóg języka angielskiego i *Kurs* po prostu się do tego stosuje. Mogę was zapewnić, że autor *Kursu* nie jest męskim szowinistą.

Pierwszą Osobą Trójcy jest oczywiście Bóg. Jest On Źródłem całego bytu. Często nazywa się Go w *Kursie* Ojcem, co również wyraźnie zaczerpnięte jest z tradycji judeochrześcijańskiej. Mówi się o Nim również jako o Stwórcy i że wszystko od Niego pochodzi. Natura Boska w swej esencji to czysty duch i ponieważ Bóg jest niezmienny, bezforemny, wieczny i jest duchem, nic, co nie podziela tych atrybutów, nie może być rzeczywiste. Oto dlaczego *Kurs* mówi, że świat nie jest rzeczywisty i nie został stworzony przez Boga. Świat podlega zmianom; nie jest wieczny i jest materią. Z tego powodu nie może pochodzić od Boga.

Drugą Osobą Trójcy jest Chrystus. W stworzeniu zaszło to, że Bóg w sposób naturalny rozszerzył Siebie. Naturalny stan ducha to szerzenie się i płynięcie. Rozszerzenie Boga jest stworzeniem, ono zaś znane jest jako Syn Boży, czyli Chrystus. Zrozumienie tego utrudnia fakt, że jedyne słowa lub koncepcje, jakimi możemy się posłużyć, pochodzą z naszego własnego świata – świata postrzegania – ograniczonego przez czas i przestrzeń. Jest to wszechświat materialny, który wymyśliliśmy jako substytut Nieba. Szersze omówienie tego wykracza jednak poza zakres dzisiejszego jednodniowego seminarium.

W Niebie nie ma zatem czasu ani przestrzeni. Gdy myślimy o tym, jak Bóg Siebie szerzy, możemy mieć jedynie czasowy i przestrzenny tego obraz, który nie byłby dokładny. *Kurs* mówi w takich sytuacjach, że nie powinno się nawet próbować zrozumieć czegoś, co jest niezrozumiałe. *Książka ćwiczeń* używa związku „bezsensowne rozmyślania" (K-czI.139.8:5) i właśnie tym wszystko to jest. Jak *Kurs cudów* twierdzi, możemy zrozumieć prawdę tylko poprzez doznanie objawienia, po czym nie moglibyśmy ująć jej w słowa – słowa to jedynie symbole symboli, są przeto po dwakroć oddalone od stanu rzeczywistości (P-21.1:9-10).

Syn Boży, czyli Chrystus, również szerzy Siebie. Rozszerzenie Boga to Jego Syn, którego nazywamy Chrystusem. Chrystus jest jeden – jest tylko jeden Bóg i tylko jeden Syn. Innymi słowy, podobnie jak Bóg szerzy Swojego ducha, tak i Syn Boży szerzy Swego. To prowadzi nas do najbardziej niejasnego pojęcia w *Kursie*, którym są „stworzenia". Gdy *Kurs* mówi o stworzeniach, ma na myśli rozszerzenia Chrystusowego ducha. Tak jak Bóg stworzył Chrystusa, tak również i Chrystus tworzy. Rozszerzenia Chrystusa w Niebie znane są zaś jako stworzenia. *Kurs* nie próbuje tego wytłumaczyć. Gdy natkniemy się na to słowo, wystarczy zdać sobie sprawę z tego, że oznacza ono naturalny proces szerzenia się ducha.

Kurs cudów mówi bardzo wyraźnie, i jest to niezmiernie ważny punkt, że podczas gdy my – jako Chrystus – tworzymy tak jak Bóg, to nie stworzyliśmy Boga. Nie jesteśmy Bogiem. Jesteśmy rozszerzeniami Boga, jesteśmy Synami Bożymi, ale nie Źródłem. Istnieje tylko jedno Źródło i jest nim Bóg. Jeśli wierzymy, że jesteśmy Bogiem, że stanowimy Źródło bytu, czynimy dokładnie to, czego ego chce, czyli wierzymy, że jesteśmy niezależni i że możemy stworzyć Boga – tak, jak On nas stworzył. Jeśli w to wierzymy, budujemy zamknięte koło, z którego nie ma wyjścia, ponieważ twierdzimy, że jesteśmy autorami własnej rzeczywistości. *Kurs* nazywa to problemem z uznawaniem autorytetu. Nie my jesteśmy autorami rzeczywistości, jest nim Bóg. Gdy wierzymy, że jesteśmy Bogiem, stajemy do rywalizacji z Nim i wówczas mamy prawdziwy problem. Na tym polega oczywiście pierwotny błąd, o którym za chwilę.

Na początku, który naturalnie przekracza czas, istniał tylko Bóg i Jego Syn. Była to jedna, szczęśliwa rodzina w Niebie. W pewnym dziwnym momencie, który w rzeczywistości nigdy naprawdę nie miał miejsca, Syn Boży uwierzył, że mógł oddzielić się od Ojca. W owym momencie nastąpiło oddzielenie. W prawdzie, jak mówi *Kurs*, nigdy nie mogłoby się to zdarzyć, bo jakże część Boga mogłaby oddzielić się od Niego? Fakt jednak, że wszyscy tu jesteśmy, lub myślimy, że tu jesteśmy, pozornie wskazuje na coś innego. *Kurs* nie wyjaśnia oddzielenia; mówi po prostu, że tak jest. Nie próbujmy pytać, jak niemożliwe mogło się zdarzyć, skoro nie mogło. Jeśli pytamy, jak mogło się zdarzyć, znajdujemy się z powrotem w samym środku błędu.

Zgodnie z naszym sposobem myślenia wydaje się, że to się wydarzyło i oddzielenie zaiste nastąpiło. W chwili, w której uwierzyliśmy, że oddzieliliśmy się od Boga, ustanowiliśmy cały nowy system myślowy (o którym za chwilę), a Bóg posłał Swoją Naprawę, by błąd ten odczynić. Jest nią trzecia Osoba Trójcy. Rozdział piąty *Tekstu* świetnie to wyjaśnia, jeśli chcielibyście przestudiować to głębiej. Jezus po raz pierwszy konkretnie mówi tam o Duchu Świętym i wyjaśnia Jego rolę jako Odpowiedzi na oddzielenie. Gdziekolwiek w *Kursie* czytamy słowo „Odpowiedź" pisane wielką literą, możemy zamienić je na słowa „Duch Święty".

Kurs cudów opisuje Ducha Świętego jako Łącznię Komunikacji między Bogiem a Jego oddzielonym Synem (T-6.I.19:1). Powodem, dla którego jest On Odpowiedzią i odczynia oddzielenie, jest to, że ponieważ faktycznie wierzymy, że jesteśmy oddzieleni od Boga – Bóg jest tam, a my tutaj – Duch Święty funkcjonuje jako łącznia między tym, gdzie się w naszym przekonaniu znajdujemy, i tym, gdzie znajdujemy się naprawdę, czyli z powrotem z Bogiem. Fakt, że istnieje łącznia, mówi nam, że nie jesteśmy oddzieleni. Bóg zatem odczynił oddzielenie w tym samym momencie, w którym uwierzyliśmy, że ono zaistniało. Duch Święty jest więc odczynieniem oddzielenia.

Oto system znany jako Jednia umysłowa. Stanowi on podstawę wszystkiego, o czym będziemy mówili. Nie jest to czymś, co można zrozumieć, lecz co trzeba po prostu przyjąć. Kiedy wszyscy powrócimy do Nieba, zrozumiemy to i wówczas nie będziemy mieli żadnych pytań.

ROZDZIAŁ 3

NIEPRAWIDŁOWA UMYSŁOWOŚĆ – SYSTEM MYŚLOWY EGO

Dwoma systemami myślowymi odgrywającymi krytyczną rolę w rozumieniu *Kursu cudów* są nieprawidłowa i prawidłowa umysłowość. Jak już wspomniałem, można powiedzieć, że nieprawidłowa umysłowość równa się systemowi ego. Prawidłowa umysłowość równa się systemowi myślowemu Ducha Świętego, którym jest przebaczenie. System myślowy ego nie jest zbyt uszczęśliwiający. *Kurs cudów* wyjaśnia, że zarówno system myślowy ego, jak i Ducha Świętego, są doskonale logiczne i spójne same w sobie. Również wzajemnie się wykluczają. Bardzo pomaga jednak dokładne zrozumienie logiki systemu ego, ponieważ on *jest* bardzo logiczny. A gdy zapoznamy się z ową logiczną sekwencją, wyjaśni ona wiele rzeczy w tekście, które w przeciwnym razie wydawałyby się niejasne.

Jedną z trudności pojawiających się przy studiowaniu *Kursu cudów* sprawia to, że nie przypomina on innych systemów myślowych. Większość z nich postępuje linearnie, zaczynając od prostych idei, które zostają rozwinięte i stają się coraz bardziej złożone. *Kurs* taki nie jest. System myślowy *Kursu* przedstawiony jest w sposób kolisty. Zdaje się wciąż powtarzać ten sam materiał. Wyobraźcie sobie studnię – schodzicie koliście w dół, coraz to głębiej, aż dosięgniecie dna. A dnem tej studni jest Bóg. Posuwacie się jednak wzdłuż tego samego koła. Znaczy to po prostu, że im głębiej sięgacie, tym bardziej zbliżacie się do podstawy systemu ego. Materiał pozostaje jednak zawsze ten sam. I z tego powodu *Tekst* wciąż powtarza to samo. Ponieważ zaś prawie niemożliwością jest pojęcie tego za pierwszym lub setnym razem, potrzebujemy sześciuset sześćdziesięciu dziewięciu stron. Jest to proces, w czym uwidacznia się jedna z różnic między *Kursem cudów* a wszystkimi innymi systemami duchowymi. Mimo że jego system myślowy przedstawiany jest jako bardzo zintelektualizowany, naprawdę jest to proces doświadczalny. Z pedagogicznego punktu widzenia *Kurs* napisano specjalnie w taki sposób, żebyśmy nie studiowali go tak, jak studiuje się inne systemy, lecz abyśmy raczej dali się prowadzić koliście w dół owej studni. Pracując nad materiałem *Kursu* i przerabiając materiał naszego osobistego życia, będziemy coraz głębiej rozumieli to, co *Kurs* mówi. Niemniej jednak sądzę, że pomocne jest zapoznanie się z systemem myślowym ego z linearnego punktu widzenia, aby zrozumieć, jak jest zbudowany. Ułatwi nam to lekturę stron *Tekstu*.

Grzech, wina i lęk

Klucz do zrozumienia systemu myślowego ego stanowią trzy idee. Są to elementy składowe fundamentu całego tego systemu. Oto one – grzech, wina i lęk. Kiedykolwiek widzicie w *Kursie* słowo „grzech”, możecie zastąpić je słowem „oddzielenie”, gdyż oba słowa znaczą to samo. Grzechem, do którego poczuwamy się najbardziej, tym, z którego wywodzi się całe nasze poczucie winy, jest grzech naszej wiary w oddzielenie od Boga – temat, który opisałem przed minutą. Jest to tym samym, czego Kościoły nauczały pod nazwą „pierwotnego grzechu". Opis zawarty w trzecim rozdziale Księgi Rodzaju zdaje nam doskonałą relację z narodzin ego. Mamy nawet nawiązanie do niego w pierwszym podrozdziale drugiego rozdziału *Tekstu* (T-2.I.3-4).

Początkiem ego jest więc wiara w to, że oddzieliliśmy się od Boga. Tym właśnie jest grzech – wiarą w to, że oddzieliliśmy się od Stwórcy i ustanowiliśmy *ja* oddzielne od naszego prawdziwego *Ja* synonimicznego z Chrystusem. Kiedykolwiek widzimy słowo „*Ja*" zapisane wielką literą, możemy zastąpić je słowem „Chrystus".

Wierzymy, że utworzyliśmy *ja* (małą literą), które jest naszą prawdziwą tożsamością, i że owo *ja* jest niezależne od naszego rzeczywistego *Ja* i od Boga. Z tego biorą się wszystkie problemy na świecie – z wiary w to, że jesteśmy jednostkami oddzielnymi od Boga. Kiedy uwierzymy, że popełniliśmy ten lub jakikolwiek grzech, psychologicznie nieuniknione stanie się to, że będziemy czuli się winni z powodu tego, co w naszym przekonaniu uczyniliśmy. W pewnym sensie można zdefiniować poczucie winy jako doświadczenie tego, że się zgrzeszyło. Możemy więc właściwie traktować grzech i winę synonimicznie – gdy uwierzymy, że zgrzeszyliśmy, nie będziemy mogli nie wierzyć, że jesteśmy winni i nie czuć tego, co znane jest jako poczucie winy.

Gdy *Kurs cudów* mówi o poczuciu winy, używa tego terminu inaczej niż zazwyczaj się go używa, czyli prawie zawsze w znaczeniu, że czujemy się winni z powodu czegoś, co uczyniliśmy lub czego nie uczyniliśmy. Poczucie winy zawsze wiąże się z czymś konkretnym z naszej przeszłości. Owe świadome doświadczenia poczucia winy są jednak tylko niczym wierzchołek góry lodowej. Jeśli wyobrazimy sobie górę lodową, pod powierzchnią morza kryje się olbrzymia bryła reprezentująca poczucie winy. Jest nim naprawdę ogólna suma wszystkich negatywnych uczuć, przekonań i doświadczeń, które kiedykolwiek mieliśmy w odniesieniu do siebie. Poczucie winy może więc być jakąkolwiek formą nienawiści do samego siebie lub odrzucania samego siebie – uczuciami niekompetencji, porażki, pustki lub poczuciem, że jest w nas coś, co ma braki, że czegoś nie mamy lub że coś w nas jest niepełne.

Większa część tego poczucia winy jest nieuświadomiona, właśnie z tego powodu obraz góry lodowej jest tak pomocny. Większość doświadczeń świadczących o tym, jak podli w naszym przekonaniu naprawdę jesteśmy, znajduje się pod powierzchnią naszego świadomego umysłu, co sprawia, że jest dla nas niemal niedostępna. Najważniejszym źródłem całego poczucia winy jest wiara w to, że zgrzeszyliśmy przeciwko Bogu poprzez oddzielenie się od Niego. W wyniku tego widzimy siebie zatem jako oddzielnych od wszystkich i od naszego *Ja*.

Gdy już czujemy się winni, nie możemy nie wierzyć, że zostaniemy ukarani za owe straszne rzeczy, które w naszym przekonaniu uczyniliśmy, i za ową straszną rzecz, którą według nas jesteśmy. Zgodnie z naukami *Kursu* wina zawsze będzie żądała kary. Gdy raz poczujemy się winni, będziemy wierzyć, że musimy zostać ukarani za nasze grzechy. Z psychologicznego punktu widzenia nie ma sposobu na uniknięcie tego kroku. Wówczas będziemy się lękać. Cały lęk, niezależnie od jego pozornej przyczyny na świecie, wywodzi się z przekonania, że powinniśmy zostać ukarani za to, co uczyniliśmy albo czego nie uczyniliśmy. I wtedy będziemy lękać się tego, co będzie stanowiło tę karę.

Ponieważ wierzymy, że najważniejszym obiektem naszego grzechu jest Bóg, przeciwko Któremu zgrzeszyliśmy poprzez oddzielenie się od Niego, będziemy wierzyli, że sam Bóg nas ukarze. Właśnie stąd pochodzą wszystkie straszne ustępy o gniewie i zemście Boga, na które natykamy się, czytając Biblię. Nie ma to nic wspólnego z Bogiem takim, jakim On jest, gdyż Bóg jest tylko Miłością. Ma to jednak wszystko wspólne z projekcjami naszego poczucia winy na Niego. To nie Bóg wygnał Adama i Ewę z ogrodu Eden, to oni sami siebie wygnali.

Gdy już uwierzymy, że zgrzeszyliśmy przeciwko Bogu, w co wszyscy wierzymy, musimy również wierzyć, że Bóg nas ukarze. *Kurs* mówi o czterech przeszkodach w osiągnięciu pokoju, z których ostatnią jest lęk przed Bogiem (T-19.IV-D). Uczyniliśmy oczywiście to, że poprzez nasz lęk przed Bogiem zmieniliśmy Boga Miłości w Boga lęku – Boga nienawiści, kary i zemsty. Właśnie tego ego chce. Gdy już czujemy się winni – niezależnie od tego, skąd w naszym przekonaniu owo poczucie winy pochodzi – wierzymy również, że nie tylko jesteśmy winni, ale że Bóg nas uśmierci. W ten sposób Bóg, Który jest naszym kochającym Ojcem i jedynym Przyjacielem, staje się naszym wrogiem. I jest On rzecz jasna wrogiem niebagatelnym. Powtarzam zatem, że właśnie to stanowi źródło wszystkich przekonań, o których czytamy w Biblii lub gdziekolwiek indziej, mówiących, że Bóg jest karzącym

Ojcem. Wiara w to jest przypisywaniem Mu tych samych cech ego, które sami posiadamy. Jak powiedział Voltaire, „Bóg stworzył człowieka na własne podobieństwo, a człowiek odpłacił mu się za to sowicie". Bóg, którego stworzyliśmy, jest naprawdę wizerunkiem naszego własnego ego.

Nikt nie może utrzymywać się przy życiu w tym świecie z takim stopniem nasilenia lęku i zgrozy oraz z takim ogromem nienawiści do siebie i poczucia winy w swym świadomym umyśle. Życie z tak wielkim niepokojem i przerażeniem byłoby dla nas zupełną niemożliwością; zdruzgotałoby nas. Musi więc być jakiś sposób, by sobie z tym poradzić. Ponieważ nie możemy zwrócić się do Boga o pomoc – skoro w systemie myślowym ego już obróciliśmy Go we wroga – jedyną pozostałą dostępną nam drogą ucieczki jest samo ego.

Udajemy się więc po pomoc do ego i mówimy: „Słuchaj, musisz coś zrobić, nie mogę znieść tego całego niepokoju i trwogi, które odczuwam. Pomóż!" Ego, wierne swojej istocie, udziela nam pomocy, która nie jest żadną pomocą, choć zachowuje jej pozory. „Pomoc" ta przychodzi pod dwiema podstawowymi postaciami i właśnie tu wkład Freuda można prawdziwie zrozumieć i docenić.

Zaprzeczenie i projekcja

Sądzę, że powinienem wstawić się tu trochę za Freudem, gdyż ma ostatnio złą prasę. Ludzie bardzo entuzjastycznie podchodzą do Junga oraz innych nietradycyjnych psychologów i zupełnie słusznie, ale Freud spychany jest na drugi plan. Jednakże podstawowy sposób rozumienia ego w *Kursie* opiera się bezpośrednio na naukach Freuda. Był bardzo wybitnym człowiekiem i gdyby nie on, nie byłoby *Kursu cudów*. Sam Jung powiedział, że mimo wszystkich trudności, jakie z nim miał, odkrycia Freuda stanowiły fundament jego własnej pracy. I jest to prawdą w odniesieniu do każdego, kto pojawił się od czasu Freuda, który bardzo systematycznie i logicznie opisał cały sposób funkcjonowania ego.

Pozwólcie mi tylko wspomnieć, że Freud używa słowa „ego" inaczej niż *Kurs*. W *Kursie* słowo „ego" używane jest jako przybliżony odpowiednik tego pojęcia na Wschodzie. Innymi słowy, ego to *ja* małą literą. Dla Freuda ego to tylko część psychiki, która składa się z id (nieświadomego), superego (sumienia) i ego będącego częścią umysłu, która to wszystko integruje. Sposób, w jaki *Kurs* posługuje się słowem „ego", mniej więcej odpowiada całości freudowskiej koncepcji psychiki. Jest to jedynym przejściem koniecznym dla pracy z *Kursem*.

Jeden jedyny błąd Freuda był, nawiasem mówiąc, kolosalny! Nie rozpoznał on, że cała psychika stanowi obronę przed naszym prawdziwym *Ja*, naszą prawdziwą rzeczywistością. Tak bał się własnej duchowości, że musiał skonstruować system myślowy prawie niepodatny na zagrożenie ze strony ducha. I rzeczywiście to uczynił. Był jednak absolutnie niedościgniony w opisie sposobu działania psychiki, czyli ego. Jego błąd – powtarzam – tkwił w nierozpoznaniu faktu, że to wszystko stanowi obronę przed Bogiem. W zasadzie to, o czym mówimy dzisiaj w odniesieniu do ego, bazuje na wypowiedziach Freuda. Wszyscy mamy wobec niego naprawdę ogromny dług wdzięczności.

Szczególnie godny uwagi jest jego wkład w dziedzinę mechanizmów obronnych, gdyż pomaga nam zrozumieć, jak bronimy się przed całym poczuciem winy i lękiem.

Gdy idziemy do ego po pomoc, otwieramy którąś z książek Freuda i znajdujemy dwie bardzo pomocne koncepcje. Pierwsza z nich to wyparcie lub zaprzeczenie (*Kurs* nigdy nie używa słowa „wyparcie", używa zaś słowa „zaprzeczenie". Możecie posługiwać się jednak i jednym, i drugim). Radzimy sobie z owym poczuciem winy, grzeszności i z całą odczuwaną przez nas zgrozą poprzez udawanie, że ich nie ma. Wypychamy je z naszej świadomości, co znane jest jako wyparcie lub zaprzeczenie. Zaprzeczamy samym sobie, że to istnieje. Na przykład, jeśli jesteśmy zbyt leniwi, żeby zamieść podłogę, zmiatamy bród pod dywan, po czym udajemy, że go nie ma. Struś, który się lęka, też po prostu chowa głowę w piasek, aby nie musieć zajmować się tym, co mu zagraża, lub na to patrzeć. No cóż, z oczywistych powodów nie jest to skuteczne. Jeśli wciąż będziemy zmiatać bród pod dywan, w końcu potkniemy się na jego nierównościach. Struś natomiast może przez swoje zachowanie zostać poważnie zraniony.

W jakiś jednak sposób wiemy, że nasze poczucie winy nadal jest. Zwracamy się więc znowu do ego i mówimy: „zaprzeczenie było całkiem niezłe, ale musisz zrobić coś innego. Ta rzecz będzie narastać i ja w końcu eksploduję. Proszę, pomóż mi". Ego wówczas odpowiada: „Mam coś w sam raz dla ciebie". Mówi nam, abyśmy spojrzeli na taką i taką stronę w „Interpretacji snów" Freuda albo gdziekolwiek, i tam znajdziemy coś, co znane jest jako projekcja. Jest to chyba najważniejsza z idei *Kursu cudów* do zrozumienia. Jeśli nie rozumiecie projekcji, nie zrozumiecie żadnego słowa w *Kursie cudów,* ani w odniesieniu do sposobu funkcjonowania ego, ani do tego, jak Duch Święty odczyni to, co ego uczyniło. Wyrażona bardzo prosto projekcja oznacza, że bierze się coś ze swego wnętrza i mówi, że tego naprawdę tam nie ma, to znajduje się na zewnątrz, w kimś innym. Samo to słowo znaczy dosłownie *wyrzucić* lub *cisnąć coś* od siebie ku komuś lub czemuś innemu i wszyscy to właśnie robimy, gdy projektujemy. Bierzemy winę lub grzeszność, która – jak wierzymy – w nas jest, i mówimy: „To naprawdę jest nie we mnie, lecz w tobie. Nie ja jestem tym winnym – ty nim jesteś. Nie ja jestem odpowiedzialny za to, jak cierpię i jaki jestem nieszczęśliwy – ty jesteś". Z punktu widzenia ego nie jest ważne, kim jest ten „ty". Ego nie interesuje to, na kogo projektujemy, pod warunkiem, że znajdziemy kogoś, na kogo będziemy mogli zrzucić naszą winę. Oto sposób, w jaki według ego pozbywamy się jej.

Chyba najlepszy znany mi opis tego procesu projekcji znajduje się w Starym Testamencie, w szesnastym rozdziale Księgi Kapłańskiej, w którym Dzieciom Izraela powiedziane jest, co mają robić w Dniu Pojednania – Jom Kippur. Mają się zebrać. W środku obozu będzie Aaron, który – jako arcykapłan – wystąpi jako mediator między ludźmi a Bogiem. Obok Aarona będzie stał kozioł, Aaron zaś położy na nim rękę i symbolicznie przeniesie wszystkie grzechy, które ludzie nazbierali przez cały rok, na tego biednego kozła. Potem wyrzuci go z obozu. Oto doskonała i obrazowa relacja z tego, czym jest projekcja. Stąd też, oczywiście, pochodzi wyrażenie „kozioł ofiarny".

Bierzemy zatem nasze grzechy i mówimy, że nie znajdują się w nas, są w tym drugim. Potem dystansujemy się od nich. Nikt nie chce zbliżyć się do swojej grzeszności, a zatem bierzemy ją z naszego wnętrza i umieszczamy na kimś innym, po czym wykreślamy ową osobę z naszego życia. Można tego dokonać zasadniczo na dwa sposoby. Jeden z nich polega na fizycznym oddzieleniu się od kogoś, ten drugi na uczynieniu tego psychologicznie. Psychologiczne oddzielenie jest naprawdę najbardziej druzgocące i też najmniej uchwytne.

Oddzielamy się od kogoś po umieszczeniu na nim naszych grzechów w ten sposób, że atakujemy go lub gniewamy się na niego. Każdy wyraz naszego gniewu – niezależnie od tego, czy występuje w formie lekkiego rozdrażnienia, czy dzikiej wściekłości (nie robi to żadnej różnicy, wszystkie formy są takie same [K-czI.21.2:3-5]) – jest zawsze próbą uzasadnienia projekcji naszej winy bez względu na to, co wydaje się źródłem naszego gniewu. Owa potrzeba projektowania winy stanowi podstawową przyczynę całego gniewu. Nie musimy zgadzać się z tym, co mówią lub czynią inni, lecz w momencie, gdy doświadczymy osobistej reakcji w postaci gniewu, osądu czy krytyki, jest tak zawsze dlatego, że ujrzeliśmy w tej osobie coś, czemu zaprzeczyliśmy w sobie. Innymi słowy, projektujemy własne grzechy i winę na ową osobę i atakujemy je w niej. Tym razem nie atakujemy ich w sobie, lecz w tej drugiej osobie, i chcemy odsunąć ją możliwie najdalej od siebie, w rzeczywistości chcąc odsunąć możliwie najdalej od siebie swój grzech.

Jedną z interesujących rzeczy, które odkrywa się przy czytaniu Starego Testamentu – zwłaszcza rozdziałów 11-15 Księgi Kapłańskiej, trzeciej księgi Tory – jest drobiazgowość, z jaką dzieci Izraela próbowały zidentyfikować otaczające je formy nieczystości, a następnie sposoby, w jakie powinny trzymać się z dala od nich. Mamy tam parę dość szczegółowych ustępów opisujących, czym jest nieczystość, czy znajduje się w pewnych cechach ludzkich, w formach nieczystości, czy też w pewnych ludziach jako takich. Po nich następuje wyjaśnienie sposobów, w jakie dzieci Izraela powinny trzymać się z dala od owych form nieczystości. Niezależnie od innych powodów, które mogły grać tu rolę, kluczowym znaczeniem tych nauk jest psychologiczna konieczność wydobycia własnej nieczystości ze swego wnętrza i umieszczenia jej w kimś innym, a następnie oddzielenia się od tej osoby.

Gdy się to zrozumie, bardzo ciekawe jest potem przejście do Nowego Testamentu, by zobaczyć, jak Jezus działał przeciwko temu. Wszystkie formy nieczystości, które ludzie zdefiniowali i których oddzielenie widzieli jako mające zasadnicze znaczenie dla swej religii, on akceptował. Robił wszystko, by zaakceptować wyrzutków społeczeństwa zdefiniowanych jako takich przez Prawo żydowskie, jakby chciał tym powiedzieć: „Nie możecie projektować swej winy na innych. Musicie zidentyfikować ją w sobie i tam ją uzdrowić". Oto dlaczego Ewangelia mówi na przykład, żeby czyścić wewnętrzną, a nie zewnętrzną stronę kielicha (Łk 11,39), żeby nie przejmować się drzazgą w oku brata, tylko belką w swoim własnym (Łk 6,41-42) i że nie to, co wchodzi do człowieka, czyni go nieczystym, ale to, co z niego wychodzi (Mt 15,11). Sens tych nauk jest dokładnie taki sam jak w *Kursie* – źródło naszej grzeszności nie znajduje się na zewnątrz, lecz wewnątrz. Poprzez projekcję usiłujemy jednak widzieć swój grzech na zewnątrz, po czym tam rozwiązywać problem, tak że nigdy naprawdę nie widzimy, że problem jest wewnątrz.

Gdy udajemy się do ego po pomoc i mówimy: „Pomóż mi pozbyć się mojej winy”, ego odpowiada: „Dobrze, sposób, w jaki pozbędziesz się winy, polega najpierw na wyparciu jej, a potem na wyprojektowaniu jej na innych. Oto, jak się jej pozbędziesz”. Nie mówi nam jednak, że wyprojektowana wina jest atakiem i stanowi najlepszą metodę zachowania poczucia winy. Ego nie jest głupie; chce zachowywać nas winnymi. Pozwólcie, że poświęcę moment na wyjaśnienie tej idei, gdyż jest ona również jedną z kluczowych idei w rozumieniu sposobu, w jaki ego nam doradza.

Kurs cudów mówi o „powabie winy” (T-19.IV-A.10-17). Poczucie winy ma ogromny powab dla ego, a powód tego staje się oczywisty, gdy raz przypomnimy sobie, czym jest ego. Racjonalne uzasadnienie jego rady, by zaprzeczać i projektować, opiera się na tym, że ego nie jest niczym innym jak przekonaniem. Jest to przekonanie co do rzeczywistości oddzielenia. Ego jest fałszywym *ja*, które pozornie zaistniało, gdy oddzieliliśmy się od Boga. Dopóki więc wierzymy w rzeczywistość oddzielenia, ego jest bezpieczne. Kiedy tylko uwierzymy, że nie ma oddzielenia, ego jest skończone. *Kurs* powiedziałby to w ten sposób, że ego – wraz z wytworzonym przez siebie światem – rozpłynie się w nicość, z której przybyło (P-13.1:2). Ego naprawdę jest niczym. Dopóki wierzymy, że pierwotny grzech miał miejsce, że grzech oddzielenia jest rzeczywisty, dopóty mówimy, że ego jest rzeczywiste. Tym, co nas uczy, że grzech jest rzeczywisty, jest poczucie winy. Za każdym razem, gdy czujemy się winni, mówimy: „Zgrzeszyłem". Najważniejszym zaś znaczeniem grzechu jest to, że oddzieliliśmy się od Boga. Z tego powodu dopóki wierzymy, że nasz grzech jest rzeczywisty, dopóty jesteśmy winni. Niezależnie od tego, czy widzimy winę w sobie, czy w kimś innym, mówimy, że grzech jest rzeczywisty i że ego jest rzeczywiste. Ego ma zatem własny interes w tym, by utrzymywać nas winnymi.

Kiedykolwiek ego staje w obliczu niewinności, atakuje ją, gdyż największym grzechem wobec systemu myślowego ego jest być niewinnym. Jeśli jesteśmy niewinni, jesteśmy również bezgrzeszni, a jeśli jesteśmy bezgrzeszni, to nie ma ego. W *Tekście* mamy zdanie, które mówi: „Dla ego *niewinni są winni"*(T-13.II.4:2), ponieważ być niewinnym to zgrzeszyć wobec przykazania ego: „Będziesz winny". Jeśli jesteśmy bez winy, jesteśmy wówczas winni bycia bez winy. Oto, na przykład, dlaczego świat zabił Jezusa. Uczył nas, że jesteśmy bez winy i dlatego świat musiał go zabić, gdyż Jezus bluźnił przeciwko ego.

Z tego powodu podstawowym celem ego jest zawsze zachowywanie nas winnymi. Nie może nam jednak tego powiedzieć, bo nie zwracalibyśmy już na nie w ogóle uwagi. Mówi nam zatem, że jeżeli będziemy stosować się do jego wskazówek, uwolnimy się od winy. A sposobem uczynienia tego, raz jeszcze, jest zaprzeczenie jej obecności w nas samych, postrzeganie jej w kimś innym i atakowanie tej osoby. W ten sposób uwalniamy się od winy. Nie mówi nam jednak, że atakowanie to najlepszy sposób na pozostanie winnym. Dzieje się tak z powodu kolejnego aksjomatu psychologicznego, że kiedykolwiek zaatakujemy kogokolwiek – czy to we własnym umyśle, czy faktycznie – będziemy czuli się winni. Nie ma takiej możliwości, abyśmy mogli kogokolwiek skrzywdzić – czy to w myślach, czy jakimś uczynkiem – bez poczucia winy. Możemy go nie doświadczać – na przykład psychopaci nie doświadczają swego poczucia winy – lecz to nie znaczy, że na głębszym poziomie nie czujemy się winni.

Tym, co ego wówczas bardzo sprytnie robi, jest ustanowienie cyklu winy i ataku, przez co im bardziej czujemy się winni, tym bardziej rośnie nasza potrzeba zaprzeczania tego w nas samych i atakowania za to kogoś innego. Im mocniej jednak atakujemy kogoś innego, tym bardziej czujemy się winni tego, co uczyniliśmy, ponieważ na jakimś poziomie rozpoznajemy, że zaatakowaliśmy tę osobę niesłusznie. To z kolei wywołuje w nas poczucie winy, co sprawia, że to się wciąż w kółko powtarza. Właśnie ów cykl winy i ataku, a nie miłość, rządzi światem. Jeśli ktokolwiek wam mówi, że miłość rządzi tym światem, to nie wie zbyt wiele o ego. Miłość pochodzi ze świata Bożego i można ją w tym świecie odzwierciedlać. W tym świecie jednak nie ma dla niej miejsca. Jest natomiast miejsce na winę i atak i właśnie ta dynamika jest tak obecna w naszym życiu, zarówno indywidualnym, jak i zbiorowym.

Cykl ataku i obrony

Wtórny cykl, który zostaje ustanowiony, to cykl ataku i obrony. Gdy już uwierzymy, że jesteśmy winni, i wyprojektujemy winę na tego drugiego oraz zaatakujemy go, to będziemy wierzyli (z powodu zasady, o której wspomniałem wcześniej), że nasza wina zażąda kary. Ponieważ zaatakowaliśmy tego drugiego, będziemy wierzyli, że zasługujemy na kontratak. Nie jest ważne, czy ten ktoś faktycznie nas zaatakuje, czy nie; będziemy wierzyli, że to uczyni, z powodu naszego poczucia winy. Jeśli będziemy wierzyli, że on odpowie atakiem, będziemy również wierzyli, że musimy się bronić przed owym atakiem. A skoro staramy się zaprzeczyć temu, że jesteśmy winni, poczujemy, iż jego atak na nas nie jest uzasadniony. W momencie, gdy go zaatakujemy, nasz nieuświadomiony lęk powie nam, że on odpowie atakiem i że powinniśmy się na to przygotować. Będziemy więc musieli przygotować obronę przed jego atakiem. To wszystko przyda nam lęku i wówczas staniemy się partnerami w tym sensie, że im mocniej będziemy go atakować, tym bardziej będzie on musiał się przed nami bronić i kontratakować, my zaś będziemy musieli bronić się przed nim i atakiem odpowiadać na jego atak. A sytuacja ta nie będzie miała końca (K-czI.153.2-3).

Właśnie ta dynamika wyjaśnia niepoczytalność wyścigu zbrojeń nuklearnych. Wyjaśnia również niepoczytalność, którą wszyscy odczuwamy. Im większą mamy potrzebę bronienia się, tym bardziej właśnie wzmacniamy w sobie poczucie winy. To bardzo ważne, by w działaniu ego zrozumieć jeszcze jedną zasadę, a jest ona chyba najwyraźniej przedstawiona w zdaniu pochodzącym z *Tekstu,* które mówi: "Środki obrony *czynią* to, przed czym mają bronić" (T-17.IV.7:1). Celem wszystkich sposobów obrony jest chronienie lub bronienie się przed naszym lękiem. Gdybyśmy się nie lękali, nie musielibyśmy mieć obrony, lecz sam fakt, że jej potrzebujemy, mówi nam, że powinniśmy się lękać, bo gdybyśmy nie byli wylękli, nie musielibyśmy zawracać sobie głowy obroną. Sam fakt, że się bronimy, wzmacnia fakt, że powinniśmy się lękać, a powinniśmy się lękać, ponieważ jesteśmy winni. Nasze sposoby obrony wzmacniają zatem właśnie to, przed czym miały nas ochronić, czyli nasz lęk. Tak więc im bardziej się bronimy, tym wyraźniej uczymy siebie, że jesteśmy ego – grzeszni, winni i wylęknieni.

Ego naprawdę nie jest głupie. Przekonuje nas, że musimy się bronić, lecz im mocniej się bronimy, tym bardziej czujemy się winni. Mówi nam na wiele różnych sposobów, jak powinniśmy się bronić przed naszym poczuciem winy. Właśnie jednak ochrona, którą ofiarowuje, wzmacnia owo poczucie winy. Oto dlaczego wciąż kręcimy się w miejscu. W *Książce ćwiczeń* mamy wspaniałą lekcję mówiącą: „W mojej bezbronności leży moje bezpieczeństwo" (K-czI.153). Jeśli mamy naprawdę wiedzieć, że jesteśmy bezpieczni i że naszą prawdziwą ochroną jest Bóg, to najlepszym sposobem osiągnięcia tego jest niebronienie się. Oto dlaczego czytamy w Ewangeliach o ostatnich dniach Jezusa, w których on w ogóle się nie bronił. Od momentu aresztowania, przez cały czas, kiedy go wyszydzano, biczowano, prześladowano i nawet zabijano, nie bronił się (zob. na przykład Mt 26,52-53 i Mt 27,14). Mówił: „Nie potrzebuję obrony", ponieważ – co zawarte jest w słowach *Książki ćwiczeń* – „Syn Boży nie potrzebuje obrony przed prawdą swej rzeczywistości" (K-czI.135.26:8). Gdy naprawdę wiemy, Kim jesteśmy i Kim jest nasz Ojciec – nasz Ojciec w Niebie – nie musimy siebie chronić, gdyż prawda nie potrzebuje obrony. W ramach systemu ego będziemy jednak czuli, że potrzebujemy ochrony i dlatego zawsze będziemy się bronić. Owe dwa cykle służą naprawdę temu, by podtrzymywać działanie ego. Im bardziej czujemy się winni, tym więcej atakujemy. Im więcej atakujemy, tym bardziej winni się czujemy. Im mocniej atakujemy, tym głębiej jesteśmy przekonani, że musimy się bronić przed spodziewaną karą lub kontratakiem, co samo w sobie stanowi atak.

Drugi rozdział Księgi Rodzaju kończy się sceną, w której Adam i Ewa stoją przed sobą nadzy i niezawstydzeni. Wstyd to naprawdę tylko inne określenie winy, a bezwstydność jest wyrazem stanu poprzedzającego oddzielenie. Innymi słowy, nie ma winy, ponieważ nie było grzechu. To w trzecim rozdziale mowa jest o pierwotnym grzechu, co rozpoczyna się od zjedzenia przez Adama i Ewę zabronionego owocu. Uczynienie tego równa się nieposłuszeństwu wobec Boga i właśnie to jest grzechem. Inaczej mówiąc, widzą siebie jako posiadających wolę oddzielną od Boga, która może wybrać coś innego od tego, co stworzył Bóg. I, raz jeszcze, właśnie tym są narodziny ego – przekonaniem, że grzech jest możliwy. Jedzą zatem ów owoc i zaraz potem spoglądają na siebie, czując tym razem zawstydzenie i okrywając się. Osłaniają więc swe genitalia gałązkami figowymi, co staje się potem wyrazem ich poczucia winy. Zdają sobie sprawę z tego, że uczynili coś grzesznego, a nagość ich ciał symbolizuje ich grzech. To wymaga obrony, która z kolei daje wyraz ich poczuciu winy.

Zaraz potem słyszą głos Boga, Który ich szuka, i teraz zaczynają się bać tego, co Ów zrobi, jeśli ich złapie. Skrywają się zatem pośród drzew ogrodu, aby Bóg ich nie dostrzegł. I właśnie tu widzimy powiązanie wiary w grzech, czyli w to, że można oddzielić się od Boga, z poczuciem winy z tego powodu oraz lękiem przed tym, co nastąpi, gdy Bóg dogoni nas i ukarze. I rzeczywiście, w dalszym ciągu trzeciego rozdziału okazuje się, że Adam i Ewa mieli całkowitą rację, ponieważ Bóg ich zaiste ukarał. Co ciekawe, gdy Adam w końcu stoi przed obliczem Boga, projektuje swą winę na Ewę i mówi: „Nie ja to uczyniłem, Ewa mnie do tego zmusiła" (Zawsze to kobieta zostaje ukarana). Bóg spogląda więc na Ewę, która robi to samo i mówi: „Nie ja to uczyniłam. Nie wiń mnie, wąż mnie skusił". Widzimy tu dokładnie to, co robimy w obronie przed naszym lękiem i poczuciem winy – projektujemy odpowiedzialność na kogoś innego.

Przypomnijmy sobie, co powiedziałem wcześniej – wina zawsze będzie żądała kary. Ego będzie żądać, by Adam i Ewa zostali ukarani za ich grzech tak, że gdy Bóg ich dogoni, ukarze ich życiem wypełnionym bólem i cierpieniem od momentu narodzin do samego końca, czyli śmierci. Pod koniec naszego spotkania będę mówił o tym, jak Jezus odczynia cały ów proces. W każdym razie ten rozdział w Księdze Wyjścia doskonale podsumowuje całą strukturę ego – związek pomiędzy grzechem, winą i lękiem.

Jednym z głównych sposobów, w jakie ego broni się przed winą, jest atakowanie innych i właśnie to nasz gniew zawsze wydaje się czynić – uzasadniać projekcje naszej winy na innych. Niezmiernie ważne jest rozpoznanie głębi, z jaką świat – a każdy z nas stanowi część świata – inwestuje w uzasadnianie faktu naszego zagniewania, ponieważ wszyscy potrzebujemy wroga. Nie ma w tym świecie nikogo, kto w taki czy inny sposób nie wyposaża świata w cechy dobra i zła. Dzielimy świat, po czym umieszczamy niektórych ludzi w dobrej kategorii, innych zaś w złej. Celem tego jest nasza przemożna potrzeba znalezienia kogoś, na kogo możemy projektować winę. Potrzebujemy przynajmniej jednej osoby lub jednej idei czy grupy, którą możemy uznać za złą i uczynić kozłem ofiarnym. Stanowi to źródło wszystkich uprzedzeń i wszelkiej dyskryminacji. Jest ona ową niezmiernie silną potrzebą – zazwyczaj nieuświadomioną – znalezienia kogoś, z kogo możemy uczynić kozła ofiarnego, abyśmy mogli uciec przed ciężarem własnego poczucia winy. Było tak od samego początku udokumentowanej historii. Było tak w przypadku każdego głównego systemu myślowego lub systemu życia, który kiedykolwiek istniał w tym świecie. Zawsze bazował on na tym, że istnieją źli i dobrzy ludzie.

Widać to wyraźnie w historii samego chrześcijaństwa. Od samego początku mieliśmy w nim proces oddzielania dobrego od złego – Żydzi, którzy wierzyli w Jezusa, byli przeciwko Żydom, którzy w niego nie wierzyli. Następnie zaś ci, którzy w niego wierzyli, rozdzielili się na wyznawców św. Piotra, św. Pawła, św. Jakuba, itd. I od tego czasu Kościół dzieli się dalej. Dzieje się tak z powodu tej samej nieświadomej potrzeby znalezienia kogoś, kogo możemy widzieć jako winnego i gorszego od nas. Powtarzam zatem, że niezmiernie pomocne jest nasze rozpoznanie tego, jak silnie w ów proces inwestujemy. Właśnie z tego powodu na końcu filmu wszyscy się cieszą, kiedy dobry człowiek wygrywa, a zły przegrywa. Tak samo zależy nam na ujrzeniu tego, jak zły człowiek został ukarany, ponieważ wierzymy wówczas, że uciekliśmy przed własnymi grzechami.

Wyjątkowe związki

To, co do tej pory opisywałem w związku z gniewem, jest tak naprawdę tylko jedną z form, jakie przybiera projekcja. Jest najbardziej oczywistą z dwóch form ataku, które *Kurs* nazywa wyjątkowymi związkami. Najtrudniejszym pojęciem do zrozumienia w *Kursie,* a jeszcze trudniejszym do wprowadzenia w życie i stosowania w praktyce, jest idea wyjątkowości i obracanie naszych wyjątkowych związków w święte związki.

Wyjątkowe związki występują w dwóch formach. Pierwsza z nich to wyjątkowe związki nienawiści – o których właśnie mówiliśmy – polegające na znajdywaniu kogoś, z kogo uczynimy obiekt naszej nienawiści, aby móc uciec przed prawdziwym jej obiektem, którym jesteśmy my sami. Drugą formą jest to, co *Kurs* nazywa związkami wyjątkowej miłości. Te są najsilniejsze i najbardziej podstępne, ponieważ są najmniej uchwytne. Mówiąc raz jeszcze, jest to najtrudniejsza w *Kursie* do zrozumienia i do stosowania wobec samego siebie koncepcja. W *Książce ćwiczeń* i w *Podręczniku dla nauczycieli* nie ma w ogóle mowy o wyjątkowych związkach, a w *Tekście* nie pojawiają się aż do rozdziału piętnastego, ale potem w kolejnych dziewięciu rozdziałach czyta się prawie wyłącznie o nich.

Wyjątkową miłość jest tak trudno rozpoznać i tak trudno jest jej zaradzić, ponieważ wydaje się czymś, czym nie jest. Bardzo trudno jest ukryć przed sobą fakt, że się na kogoś gniewamy. Możemy czynić to przez jakiś czas, ale naprawdę niełatwo jest podtrzymać owo złudzenie zbyt długo. Wyjątkowa miłość to coś zupełnie innego. Zawsze będzie wydawała się czymś, czym nie jest. Jest naprawdę najbardziej kuszącym i zwodniczym zjawiskiem w tym świecie. Stosuje się zasadniczo do tych samych zasad co wyjątkowa nienawiść, lecz czyni to w innej formie. Jej podstawową zasadą jest próba pozbycia się naszej winy poprzez widzenie jej w kimś innym. Jest zatem naprawdę jedynie ledwie skrywanym woalem rozciągniętym nad nienawiścią. Ta natomiast, raz jeszcze, stanowi jedynie próbę nienawidzenia kogoś innego tak, abyśmy nie musieli doświadczyć naszej prawdziwej nienawiści do samych siebie. Chciałbym teraz pokazać, jak to działa, na trzy różne sposoby – jak pod pozorem zbawiania nas przed naszym poczuciem winy poprzez „miłość", ego naprawdę wzmacnia swe poczucie winy poprzez nienawiść.

Pozwólcie, że zacznę od tego, czym jest wyjątkowa miłość, a potem będziemy mówić o tym, jak działa. Być może przypominacie sobie, że gdy zacząłem mówić o poczuciu winy i przytoczyłem szereg słów opisujących je, jednym z określeń, jakich użyłem, było przekonanie, że czegoś nie mamy, że mamy jakieś braki. *Kurs* nazywa to „zasadą niedostatku" i właściwie jest ona podstawą całej dynamiki wyjątkowej miłości.

Zasada niedostatku mówi, że czegoś w sobie nie mamy. Że coś jest niespełnione i niepełne. Z powodu owego braku mamy pewne potrzeby. Stanowi to ważną część całego doświadczenia poczucia winy. Raz jeszcze zwracamy się zatem do ego i mówimy: „Pomóż! To uczucie nicości lub pustki jest absolutnie nie do zniesienia; musisz coś zrobić". Ego odpowiada: „dobrze, oto, co zrobimy". I najpierw wymierza nam policzek, mówiąc: „Tak, masz całkowitą rację, jesteś tylko nędznym tworem i absolutnie nic nie można zrobić, by zmienić fakt, że masz braki i że nie masz w sobie czegoś, co jest dla ciebie niezwykle ważne". Nie mówi nam oczywiście, że tym, czego nie mamy, jest Bóg, ponieważ gdyby nam to powiedziało, wybralibyśmy Boga i ego przestałoby istnieć. Mówi, że czegoś nam z natury brak i że nie można tego w żaden sposób naprawić, lecz potem dodaje, że istnieje jednak rada na ból spowodowany owym brakiem. Choć to prawda, że nie ma nic, co mogłoby zmienić w nas ten inherentny brak, możemy szukać na zewnątrz siebie kogoś lub czegoś, co skompensuje to, czego w sobie nie mamy.

Wyjątkowa miłość mówi, że mamy pewne wyjątkowe potrzeby, których Bóg nie może zaspokoić, ponieważ – raz jeszcze – nieświadomie uczyniliśmy z Niego wroga, więc w ramach systemu ego nie udajemy się po pomoc do prawdziwego Boga. Lecz gdy znajdziemy kogoś – wyjątkową osobę o pewnych wyjątkowych atrybutach czy przymiotach – postanawiamy, że ten ktoś zaspokoi nasze wyjątkowe potrzeby. Stąd pochodzi wyrażenie „wyjątkowe związki". Nasze wyjątkowe potrzeby spotykają się z pewnymi wyjątkowymi przymiotami tej drugiej osoby i właśnie to czyni ją kimś wyjątkowym. I kiedy owa osoba zaspokoi nasze wyjątkowe potrzeby takimi, jakimi je ustanowiliśmy, będziemy ją kochać. Gdy zaś my będziemy mogli zaspokoić jej wyjątkowe potrzeby, ona będzie nas kochała. Z punktu widzenia ego jest to małżeństwo zawarte w Niebie.

To zatem, co świat ten nazywa miłością, jest naprawdę wyjątkowością – poważnym wypaczeniem miłości w odniesieniu do tego, jak widzi ją Duch Święty. Inne słowo opisujące podobną dynamikę to „zależność". Stajemy się zależni od tego, że ten drugi będzie zaspokajał nasze potrzeby, i sprawiamy, że on będzie z kolei zależny od tego, że my zaspokoimy jego potrzeby. Dopóki obydwoje to robimy, wszystko jest w porządku. I właśnie na tym właściwie polega wyjątkowość. Jej przeznaczeniem jest kompensowanie postrzeganego braku w nas samych poprzez używanie drugiej osoby do tego, by ową lukę wypełniła. Czynimy to najbardziej wyraźnie i najbardziej destrukcyjnie z ludźmi. Możemy to jednak również czynić z substancjami i rzeczami. Na przykład ktoś, kto jest alkoholikiem, próbuje wypełnić pustkę w sobie poprzez wyjątkowy związek z nałogiem. Ludzie, którzy się przejadają, czynią to samo. Ci, którzy mają manię kupowania ubrań, zarabiania dużych pieniędzy, nabywania wielu rzeczy lub czynienia starań o zapewnienie sobie pozycji w świecie, też czynią to samo. Stanowi to próbę kompensowania naszego fatalnego stosunku do samych siebie poprzez działanie zewnętrzne, które nas zadowoli. Pod koniec *Tekstu* znajduje się bardzo piękny i mocny podrozdział zatytułowany „Nie szukaj na zewnątrz siebie" (T-29.VII). Gdy szukamy na zewnątrz siebie, zawsze szukamy bożka zdefiniowanego jako substytut Boga. Jedynie Bóg może zaspokoić tę potrzebę. Oto zatem, co czyni wyjątkowość – służy celowi ego polegającemu na pozornym chronieniu nas przed poczuciem winy, przez cały czas jednak je wzmacniając. Ego dokonuje tego na trzy sposoby, które teraz podsumuję.

Pierwszym z nich jest to, że jeżeli mamy jakąś wyjątkową potrzebę, a ta druga osoba pojawi się i ją zaspokoi, to uczyniliśmy z niej symbol naszej winy. (To, co teraz mówię, dotyczy tylko systemu ego, nie zajmujmy się na razie Duchem Świętym). Skojarzyliśmy ową osobę z naszym poczuciem winy, ponieważ jedynym celem, jaki nadaliśmy naszemu związkowi z nią oraz miłości, jaką do niej odczuwamy, jest służenie zaspokajaniu naszych potrzeb. Podczas gdy na poziomie świadomości uczyniliśmy z niej symbol miłości, na poziomie nieświadomym uczyniliśmy z niej naprawdę symbol naszej winy. Gdyby nie owo poczucie winy, nie potrzebowalibyśmy jej. Sam fakt, że jej potrzebujemy, przypomina nam nieświadomie o tym, że naprawdę jesteśmy winni. Oto pierwszy sposób, w jaki wyjątkowa miłość wzmacnia właśnie to poczucie winy, przed którym miłość ego stara się bronić. Im ważniejsza owa osoba staje się w naszym życiu, tym bardziej będzie nam przypominała o tym, że prawdziwym celem, któremu w naszym życiu służy, jest chronienie nas przed poczuciem winy, co wzmacnia fakt, że jesteśmy winni.

Pomocnym obrazem tego procesu jest wyobrażenie sobie naszego umysłu jako szklanego słoika, w którym mieści się całe nasze poczucie winy. Najbardziej ze wszystkiego na świecie chcemy trzymać je bezpiecznie w słoiku, nie chcemy o nim wiedzieć. Gdy szukamy wyjątkowego partnera, szukamy kogoś, kto będzie zakrętką do tego słoika. Chcemy, by owa zakrętka zamknęła słoik bardzo szczelnie. Dopóki zamknięcie to jest szczelne, nasze poczucie winy nie może przedostać się do świadomości i dlatego nie będziemy o nim wiedzieć, pozostanie w naszej nieświadomości. Sam fakt, że potrzebujemy kogoś jako zakrętki do naszego słoika, przypomina nam o tym, że w tym słoiku jest coś strasznego, czemu nie chcemy pozwolić na ucieczkę lub wydostanie się. Raz jeszcze powtarzam, że sam fakt, iż kogoś potrzebujemy, przypomina nam nieświadomie, że mamy w sobie całą tę winę.

Drugim sposobem, w jaki wyjątkowa miłość wzmacnia poczucie winy, jest „syndrom żydowskiej matki”[2]. Co będzie, gdy ta osoba, która pojawiła się, by zaspokoić wszystkie nasze potrzeby, nagle zacznie się zmieniać i przestanie zaspokajać je w dokładnie taki sam sposób, w jaki czyniła to na początku? Ludzie mają tę niefortunną cechę, że zmieniają się i rozwijają, nie pozostają niezmienni – tacy, jakimi według nas być powinni. Oznacza to zatem, że gdy ta druga osoba zaczyna się zmieniać (być może nie potrzebuje nas w taki sam sposób, w jaki potrzebowała nas na początku), zakrętka na słoiku zacznie się rozluźniać. Nasze wyjątkowe potrzeby nie będą już zaspokajane w formie, której żądaliśmy. W miarę jak zakrętka zaczyna się obluzowywać, nasza wina nagle zaczyna nam grozić, ponieważ podchodzi do powierzchni i uchodzi. Wina uchodząca ze słoika oznacza nasze uświadomienie sobie, jak straszni naprawdę według siebie jesteśmy. I zrobimy wszystko, co w naszej mocy, by właśnie tego doświadczenia uniknąć.

W pewnym momencie w Księdze Wyjścia Bóg mówi do Mojżesza: „Żaden człowiek nie może oglądać mojego oblicza i pozostać przy życiu” (Wj 33,20). Możemy powiedzieć to samo o winie – nikt nie może oglądać oblicza winy i pozostać przy życiu. Doświadczenie stanięcia twarzą w twarz z przekonaniem o tym, jak straszni naprawdę jesteśmy, jest tak druzgocące, że zrobilibyśmy wszystko, aby tylko się tym nie zajmować. Gdy zatem zakrętka ta zaczyna się obluzowywać i nasze poczucie

[2] Żydowscy komicy w Stanach Zjednoczonych często przedstawiają typowe matki jako osoby zrzędliwe, nadopiekuńcze i apodyktyczne, które mieszają się do życia swoich dzieci jeszcze długo po tym, jak dorosną, oraz manipulują nimi poprzez wzbudzanie u nich poczucia winy. Ów stereotyp, w niniejszym tekście nazwany „syndromem żydowskiej matki”, nie jest oczywiście charakterystyczny dla wszystkich Żydówek, ani jedynie dla nich.

winy zaczyna wypływać na powierzchnię, wpadamy w panikę, ponieważ nagle stajemy w obliczu wszystkich okropnych uczuć, jakie mamy w odniesieniu do siebie. Nasz cel jest więc bardzo prosty – szczelnie przykręcić ową zakrętkę z powrotem tak szybko, jak to możliwe. Oznacza to, że chcemy, aby ta druga osoba znów stała się taka, jaka kiedyś była. Nie ma na świecie skuteczniejszego sposobu na skłonienie kogoś, by uczynił to, czego od niego chcemy, niż wywołanie w nim poczucia winy. Jeżeli chcemy, aby ktoś uczynił cokolwiek, sprawmy, żeby naprawdę poczuł się winny, a uczyni wszystko, czego chcemy. Nikt nie lubi czuć się winnym.

Manipulacja poprzez winę jest typowa dla syndromu żydowskiej matki. Każdy, kto nie jest Żydem, również zna podobne zachowania. Możemy być Włochami, Irlandczykami, Polakami lub kimkolwiek innym – to nie ma znaczenia, gdyż ów syndrom jest uniwersalny. Będziemy próbowali wywołać w tej drugiej osobie poczucie winy i powiemy coś w tym rodzaju: „Co się z tobą stało? Byłeś kiedyś taki porządny, życzliwy, kochający, uważny, wrażliwy, łagodny i pełen zrozumienia. A teraz spójrz tylko na siebie! Zobacz, jak się zmieniłeś! Nic cię już nie obchodzi. Jesteś egoistyczny, samolubny, nieczuły...”. Staramy się wywołać w tym drugim takie poczucie winy, że znowu stanie się taki, jaki kiedyś był. Wszyscy to znają, prawda?

Oczywiście ta druga osoba gra w tę samą grę w winę, co my, uczyni więc to, czego od niej chcemy, i zakrętka znów zostanie szczelnie zakręcona, my zaś będziemy ową osobę kochali tak, jak kiedyś ją kochaliśmy. Jeśli tego nie uczyni i przestanie grać w tę grę, zezłościmy się i nasza miłość szybko obróci się w nienawiść (czym przez cały czas była). Zawsze nienawidzi się tego, od kogo jest się zależnym, z powodów, które podałem w pierwszym przykładzie, ponieważ osoba, od której jesteśmy zależni, przypomina nam o naszej znienawidzonej winie. Oto dlaczego, poprzez asocjację, będziemy również nienawidzili osoby, którą – o czym ją zapewnialiśmy – kochamy. Ten drugi przykład pokazuje, czym to wszystko naprawdę jest. Gdy ktoś nie zaspokaja już naszych potrzeb w taki sposób, w jaki chcemy, aby były zaspokojone, zaczynamy go nienawidzić. A powodem naszej nienawiści jest to, że nie możemy znieść zajmowania się własnym poczuciem winy. Znane jest to jako koniec miesiąca miodowego. W dzisiejszych czasach wydaje się to nadchodzić coraz szybciej.

Gdy wyjątkowe potrzeby nie są już zaspokajane w taki sam sposób jak poprzednio, miłość obraca się w nienawiść. To, co się dzieje, gdy ta druga osoba mówi, że nie będzie już służyła jako zakrętka na naszym słoiku, jest bardzo oczywiste. Znajdujemy wówczas kogoś innego. Wyrażone słowami jednej z lekcji *Książki ćwiczeń* brzmi to następująco: „Można znaleźć innego" (K-czI.170.8:7), i to dość łatwo. Wówczas przenosimy po prostu tę samą dynamikę z jednej osoby na drugą. Czynimy to wielokrotnie i bez przerwy lub do czasu, gdy zrobimy coś z naszym prawdziwym problemem, którym jest nasze poczucie winy.

Gdy naprawdę pozwolimy mu na odejście, będziemy gotowi wstąpić w inny związek. Będzie to miłość, jaką widzi ją Duch Święty. Zanim to jednak uczynimy i dopóki naszym jedynym celem będzie trzymanie poczucia winy w ukryciu, będziemy musieli szukać kolejnej zakrętki do słoika. Świat zaś zawsze będzie chętnie z nami współpracował w znajdowaniu ludzi, którzy ową potrzebę zaspokoją. Będziemy więc wstępować w całą serię wyjątkowych związków, jeden po drugim, co jest procesem opisanym przez *Kurs* niezwykle szczegółowo.

Trzeci sposób, w jaki wyjątkowość stanowi przesłonę dla nienawiści i poczucia winy zamiast miłości, dotyczy zarówno wyjątkowej nienawiści, jak i wyjątkowej miłości. Kiedykolwiek używamy ludzi jako narzędzi zaspokajania własnych potrzeb, nie widzimy ich naprawdę jako to, kim są, nie widzimy w nich naprawdę Chrystusa. Jesteśmy natomiast zainteresowani wyłącznie tym, jak nimi manipulować, aby zaspokoili nasze potrzeby. Nie widzimy naprawdę jaśniejącego w nich światła, a tylko szczególną formę ciemności, która będzie harmonizowała z naszą szczególną formą ciemności. Kiedykolwiek zaś wykorzystujemy kogoś lub manipulujemy kimś, by zaspokoić własne potrzeby, naprawdę go atakujemy, ponieważ atakujemy jego prawdziwą Chrystusową Tożsamość, widząc go jako ego, co wzmacnia ego w nas samych. Atak jest zawsze nienawiścią, a zatem musimy czuć się winni tego, co uczyniliśmy.

Za pomocą owych trzech sposobów ego zatem wzmacnia poczucie winy, choć mówi nam, że robi coś innego. Oto dlaczego *Kurs* opisuje wyjątkowy związek jako dom winy.

Powtarzam zatem, że z punktu widzenia ego wyjątkowa miłość jest tak druzgocącą i skuteczną obroną dlatego, że wydaje się czymś, czym nie jest. Na początku wydaje się czymś wspaniałym, kochającym i świętym. Może się jednak zmienić bardzo szybko, chyba że jesteśmy zdolni wykroczyć poza jej pozory i dotrzeć do podstawowego problemu, którym jest nasze poczucie winy.

Ważny podrozdział w *Tekście* zatytułowany „Dwa obrazy" (T-17.IV) opisuje różnicę między obrazem ego, a obrazem Ducha Świętego. Obraz ego jest wyjątkową miłością i przedstawia winę, cierpienie i ostatecznie śmierć. Ego nie chce, abyśmy ujrzeli ów obraz, ponieważ, jak już wspominałem, gdybyśmy naprawdę znali zamiary ego, nie zwracalibyśmy na nie uwagi. Ego umieszcza zatem swój obraz w bardzo pięknej i ozdobnej ramie, błyszczącej od diamentów, rubinów i rozmaitych wyszukanych klejnotów. Uwodzi nas rama lub pozornie przyjemne uczucia, które wyjątkowość nam ofiarowuje, i nie rozpoznajemy prawdziwego daru poczucia winy i śmierci. Dopiero gdy zbliżymy się do ramy i naprawdę na nią spojrzymy, ujrzymy, że diamenty są w rzeczywistości łzami, a rubiny – kroplami krwi. Oto cały system ego. Jest to bardzo mocny podrozdział. Z drugiej strony, obraz Ducha Świętego jest zupełnie inny. Rama Ducha Świętego jest bardzo luźna i odpada, pozwalając nam ujrzeć prawdziwy dar, którym jest Miłość Boża.

Istnieje jeszcze inny, bardzo ważny sprawdzian, który zawsze nam ukaże, czy wstąpiliśmy w wyjątkowy związek, czy w święty. Widać to zawsze po naszym podejściu do innych ludzi. Jeśli jesteśmy w wyjątkowym związku, będzie on zawsze ekskluzywny. Nie będzie w nim miejsca dla nikogo innego. Powód tego jest oczywisty, jeżeli rozpoznamy sposób działania ego. Gdy bowiem uczynimy z tej drugiej osoby naszego zbawiciela, a tym, przed czym ona nas zbawia, jest nasze poczucie winy, to znaczy, że jej miłość i uwaga, jaką nam poświęca, zbawi nas przed winą, którą próbujemy zachować w ukryciu. Jeżeli jednak zacznie ona okazywać zainteresowanie czymś poza nami niezależnie od tego, czy będzie to inna osoba, czy inne zajęcie, to nie poświęci nam stu procent swojej uwagi. W takim samym stopniu, w jakim zacznie zwracać uwagę ku czemuś lub komuś innemu, ubędzie tej uwagi dla nas. To natomiast oznacza, że jeśli nie uzyskamy stu procent, zakrętka na naszym słoiku zacznie się obluzowywać. To właśnie stanowi źródło całej zazdrości. Ludzie stają się zazdrośni, ponieważ czują, że ich wyjątkowe potrzeby nie będą już zaspokajane w oczekiwany sposób.

Jeśli zatem ten drugi kocha kogoś innego oprócz nas, to znaczy, że dostaniemy mniej miłości. Dla ego miłość jest ilościowa. Istnieje tylko pewna dostępna jej ilość, jeżeli więc kogoś kochamy, nie możemy kochać tyle samo kogoś innego. Dla Ducha Świętego miłość jest jakościowa i obejmuje wszystkich ludzi. Nie znaczy to oczywiście, że kochamy wszystkich w ten sam sposób, nie jest to możliwe w tym świecie. Znaczy to jednak, że źródło miłości jest takie samo, sama miłość jest taka sama, choć środki jej wyrazu będą inne.

Będziemy „kochali" swoich rodziców „bardziej" niż rodziców kogokolwiek w tym pomieszczeniu nie pod względem jakości, ale ilości. Miłość jest w zasadzie taka sama, ale będzie oczywiście wyrażana w inny sposób. Nie znaczy to, że ponieważ kochamy naszych rodziców, kochamy rodziców kogoś innego mniej, albo że nasi rodzice są lepsi od jego rodziców. Znaczy to jedynie, że są to osoby, które wybraliśmy, gdyż w związku z nimi nauczymy się przebaczenia, co pomoże nam przypomnieć sobie Miłość Bożą. Nie znaczy to, że powinniśmy czuć się winni, jeśli mamy głębszy związek z niektórymi ludźmi niż z innymi. Ewangelia daje nam bardzo wyraźne tego przykłady, w których Jezus był bliżej z jednymi Apostołami niż z innymi, i był bliżej ze swymi Apostołami niż z innymi swymi wyznawcami. Nie znaczy to, że pewnych ludzi kochał mocniej, lecz że wyraz tej miłości w ich przypadku był bardziej intymny i głęboki (zob. na przykład Mt 17,1-2; Jn 13,23-25).

Znaczenie świętego związku polega na tym, że kochając jedną osobę, nie wyłączamy kogoś innego, nie dzieje się to niczyim kosztem. Wyjątkowa miłość zawsze wiąże się z ponoszeniem przez kogoś innego kosztów. Jest zawsze miłością opartą na porównywaniu – niektórych uznaje się za niedoskonałych, inni zaś są do przyjęcia. Miłość w tym świecie taka nie jest. Rozpoznajemy po prostu, że pewni ludzie zostali nam „dani" i zostali przez nas wybrani, abyśmy mogli nauczyć się oraz nauczać pewnych lekcji. Nie znaczy to jednak, że jakaś osoba jest lepsza lub gorsza od kogokolwiek innego. Powtórzmy zatem, że stopień, w jakim związek wyłącza innych ludzi, zawsze nam powie, kiedy związek jest wyjątkowy, a kiedy święty.

Rozdział 4

PRAWIDŁOWA UMYSŁOWOŚĆ – SYSTEM MYŚLOWY DUCHA ŚWIĘTEGO

W pewnym pięknym fragmencie *Kursu cudów* Jezus mówi, że zachował wszystkie nasze miłujące myśli i oczyścił je ze wszystkich błędów (T-5.IV.8:3-4). Jedynym, czego od nas potrzebuje, aby uczynić to naszą rzeczywistością, jest nasze przyjęcie tego jako faktu. Nie możemy jednak tego uczynić, dopóki trzymamy się naszego poczucia winy. Przejdę teraz do omówienia doskonałego sposobu, jaki Duch Święty ofiarowuje nam na pozwolenie, by całe to poczucie winy odeszło.

Gniew – Przebaczenie

Duch Święty jest bardzo sprytny. Choć ego myśli, że to ono jest bardzo sprytne, Duch Święty ma nad nim przewagę. Posługuje się tą samą dynamiką projekcji, której ego używało, by nas krzyżować i trzymać w więzieniu winy, i tymże odwraca sytuację na niekorzyść ego. Wyobraźmy sobie projekcję jako projektor filmowy, a nas, że jesteśmy owym projektorem i że mamy własny film o winie, który wciąż odtwarzamy. Znaczy to, że zaludniamy cały nasz świat własną winą. Projektujemy winę z naszego filmu na ekrany innych ludzi, po czym widzimy własny grzech i własną winę we wszystkich.

Czynimy to z tego powodu, że – raz jeszcze – podążamy za logiką ego, która utrzymuje, iż w ten sposób pozbędziemy się poczucia winy. Nie możemy sami poradzić sobie z własnym poczuciem winy. Nie możemy oglądać jego oblicza i pozostać przy życiu – jest to zbyt druzgocąca myśl. Lecz właśnie to, czym ego posługiwało się, by nas atakować poprzez wzmacnianie naszego poczucia winy pod pozorem pozbywania się go – ten sam mechanizm umieszczania naszej winy na zewnątrz – daje nam również szansę pozwolenia jej, by odeszła. Widzenie w kimś innym winy, której nie możemy stawić czoła w nas samych, daje nam możliwość zezwolenia na jej odejście. I właśnie tym jest przebaczenie. Jest odczynieniem projekcji winy.

Mówiąc raz jeszcze, nasza projekcja tej właśnie winy – z którą nie możemy sobie poradzić i której nie możemy w sobie uwolnić – na ów ekran, którym jest ten drugi człowiek, daje nam możliwość spojrzenia na nią i powiedzenia sobie, że teraz możemy ją ujrzeć inaczej. Grzechy i wina, które przeoczamy i przebaczamy w kimś innym, są naprawdę tymi samymi grzechami i tą samą winą, za które sami czujemy się odpowiedzialni. Odnosi się to notabene do treści grzechu, nie zaś do jego formy, która może być całkiem inna. Poprzez przebaczenie jej w tym drugim, przebaczamy ją w rzeczywistości w nas samych. Jest to najważniejsza idea w całym *Kursie*. Właśnie o tym naprawdę mówią wszystkie jego słowa. Projektujemy naszą winę na innych, a zatem gdy postanawiamy spoglądać na kogoś tak, jak Duch Święty chce, abyśmy na niego patrzyli

– poprzez wizję Chrystusa – jesteśmy w stanie odwrócić nasze myślenie o nas samych.

Gdy projektujemy na kogoś własną ciemność, światło Chrystusa jest w nim przesłonięte. Poprzez podjęcie decyzji, by powiedzieć, że on nie przebywa w ciemności – przebywa naprawdę w świetle, co równa się decyzji pozwolenia na odejście ciemności, którą na nim umieściliśmy – mówimy dokładnie to samo o sobie. Mówimy, że światło Chrystusa lśni nie tylko w nim, ale również i w nas. I jest tym samym światłem. Oto, czym jest przebaczenie.

Znaczy to zatem, że powinniśmy być wdzięczni za każdą jedną osobę w naszym życiu, a zwłaszcza za te, z którymi mamy największe trudności. Duch Święty „przysłał" nam właśnie te, których najmocniej nienawidzimy, które uważamy za najbardziej niemiłe, najmniej przyjemne w obcowaniu, i może się nimi posłużyć, by nam pokazać, że możemy dokonać innego wyboru odnośnie do osoby, na którą najpierw – do czego nas kusiło – mieliśmy wyprojektować naszą winę. Gdyby owi ludzie nie byli na filmie i ekranie naszego życia, nie wiedzielibyśmy, że ta wina naprawdę w nas jest. Nie mielibyśmy więc możności pozwolenia jej na odejście. Jedyną szansą, jaką będziemy kiedykolwiek mieli na przebaczenie naszej winy i uwolnienie się od niej, jest ujrzenie jej w kimś innym i przebaczenie jej tam. Poprzez przebaczenie jej w kimś innym przebaczamy ją w sobie. Powtarzam raz jeszcze – w tych paru zdaniach zawiera się istota *Kursu cudów*.

Można zatem podsumować przebaczenie w trzech podstawowych krokach. Pierwszym z nich jest rozpoznanie, że problem nie znajduje się na naszym ekranie. Problem tkwi wewnątrz, na naszym filmie. Pierwszy krok tłumaczy, że nasz gniew nie jest uzasadniony, mimo iż ów gniew zawsze nam mówi, że problem znajduje się na zewnątrz – w kimś innym – i że ten ktoś musi się zmienić, abyśmy my nie musieli. Pierwszy krok pokazuje zatem, że problem nie znajduje się na zewnątrz, lecz wewnątrz nas. Krok ten jest tak istotny dlatego, że Bóg w nas umieścił Odpowiedź na problem oddzielenia; Duch Święty nie jest na zewnątrz nas, jest wewnątrz, w naszych umysłach. Poprzez utrzymywanie, że problem znajduje się na zewnątrz, co projekcja zawsze czyni, oddzielamy problem od odpowiedzi. Ego właśnie tego chce, jeżeli bowiem Duch Święty stanowi odpowiedź na problem ego, to ego już nie ma.

Jest ono zatem bardzo przebiegłe i podstępne, karząc nam wierzyć, że problem znajduje się na zewnątrz, czy to w innej osobie – naszych rodzicach, nauczycielach, przyjaciołach, małżonkach, dzieciach, prezydencie – czy też na giełdzie, w pogodzie, a nawet w samym Bogu. Znakomicie udaje nam się widzieć problem tam, gdzie go nie ma, po to, abyśmy mogli rozwiązanie problemu trzymać oddzielnie od owego problemu. Dwie lekcje z *Książki ćwiczeń,* które mówią o tym bardzo wyraźnie, to Lekcje 79 i 80: „Postanawiam rozpoznać problem, aby mógł zostać rozwiązany" i „Postanawiam rozpoznać, że moje problemy zostały rozwiązane". Istnieje tylko jeden problem, którym jest wiara w oddzielenie lub problem winy, i znajduje się on zawsze wewnątrz, nie na zewnątrz. Pierwszy krok w przebaczaniu polega jednak – raz jeszcze – na powiedzeniu, że problem nie znajduje się w kimś innym, problem znajduje się w nas. Wina nie znajduje się w kimś innym, wina znajduje się w nas. Problem nie znajduje się na tym ekranie, na który projektowaliśmy, znajduje się raczej na filmie w naszym wnętrzu, który jest filmem o winie.

Następnym krokiem, który jest najtrudniejszy, ponieważ uczynilibyśmy wszystko, by go uniknąć, jest poradzenie sobie teraz z tym, czym jest ów film, czyli z własnym poczuciem winy. Powtarzam zatem, że właśnie dlatego tak bardzo zależy nam wszystkim na uzasadnianiu i zachowywaniu gniewu i ataku oraz na widzeniu świata podzielonym między dobro i zło. Dopóki to robimy, nie musimy zajmować się drugim krokiem, który polega na spojrzeniu na nasze poczucie winy i wszystkie uczucia nienawiści do samych siebie.

Przy pierwszym kroku mówimy, że nasz gniew jest podjętą przez nas decyzją, by projektować naszą winę. Teraz, przy drugim kroku, mówimy, że sama ta wina również przedstawia sobą decyzję. Przedstawia sobą decyzję widzenia siebie raczej winnymi niż niewinnymi. Musimy zamiast tego uznać siebie za Syna Bożego, a nie syna ego, i przyjąć fakt, że nasz prawdziwy Dom nie znajduje się w tym świecie, lecz w Bogu. Nie będziemy mogli tego uczynić, dopóki nie spojrzymy na naszą winę i nie powiemy, że nie jest tym, czym naprawdę jesteśmy. Nie będziemy mogli jednak tego uczynić, dopóki najpierw nie spojrzymy na kogoś innego i nie powiemy: „Nie jesteś tym, co z ciebie uczyniłem, jesteś naprawdę tym, co stworzył Bóg".

Kurs zawiera pewne bardzo mocne urywki mówiące o tym, jak przerażający jest ten krok. Ludzie mają często błędne wyobrażenia, że to wszystko jest bardzo przyjemne i proste, zwłaszcza po tym, gdy spojrzą na *Kurs cudów* pierwsze kilka razy. *Kurs* jest zwodniczy, jeśli nie zachowuje się dostatecznej uwagi. Na jednym poziomie mówi, jakie to proste – znajdujemy się wszyscy naprawdę „w domu w Bogu i śnimy o obczyźnie" (T-10.I.2:1), wszystkiego dokonamy w jednej chwili, jeśli tylko zmienimy nasze myślenie, itd. My zaś widzimy te fragmenty i zapominamy o wszystkich innych, które mówią o przerażeniu wiążącym się z tym procesem – o dyskomforcie, oporze i konflikcie, które nadejdą, gdy zaczniemy podejmować kroki na drodze do uporania się z naszym poczuciem winy.

Nikt nie może pozwolić ego na odejście bez poradzenia sobie z własnym poczuciem winy i lękiem, ponieważ ego tym właśnie jest. Jezus powiedział w Ewangelii: „Kto nie nosi swego krzyża, a idzie za Mną, ten nie może być moim uczniem" (Mt 10,38; Mk 8,34; Łk 14,27). Właśnie o tym mówił. Nosić swój krzyż to zająć się własnym poczuciem winy i lękiem, przekraczając ego. Nie można przejść przez ów proces bez trudności i bólu. Nie jest to Wola Boga wobec nas, jest to nasza własna wola. To my wytworzyliśmy winę, zanim więc będziemy mogli pozwolić jej odejść, musimy wpierw na nią spojrzeć, to zaś może być bardzo bolesne. Ów proces, a także rozmiar przerażenia, jakie się z nim wiąże, opisywane są w szczególności w dwóch miejscach – w Lekcjach 170 i 196 (K-czI.170; K-czI.196.9-12). Podrozdział „Dwa światy" w *Tekście* (T-18.IX.3) również mówi o pozornym przerażeniu, przez które musimy przejść, i o przerażeniu towarzyszącym stawaniu w obliczu lęku przed Bogiem – ostatniej przeszkody w osiągnięciu pokoju – w którym nasze poczucie winy jest najgłębiej zagrzebane.

Drugi krok jest zatem naprawdę chęcią spojrzenia na nasze poczucie winy i powiedzenia, że je wymyśliliśmy i że nie jest ono darem Bożym dla nas, lecz naszą decyzją, by widzieć siebie takimi, jakimi Bóg nas nie stworzył, czyli widzieć siebie raczej jako dziecko winy niż dziecko miłości. *Kurs cudów* bardzo wyraźnie podkreśla, że ponieważ wytworzyliśmy poczucie winy, nie my możemy je odczynić. Potrzebujemy pomocy spoza ego, aby tego dokonać. Ową pomocą jest Duch Święty. I jedynym wyborem, jaki nam pozostaje, jest zaproszenie Ducha Świętego, by naprawił system myślowy ego i zabrał nasze poczucie winy. Jest to trzeci krok. Drugi krok mówi Duchowi Świętemu: „Nie chcę już widzieć siebie jako winnego. Proszę, weź to ode mnie". Trzeci krok należy do Ducha Świętego, Który po prostu zabiera poczucie winy, ponieważ już je właściwie zabrał. Jedynym problemem jest nasze tego przyjęcie.

Ponownie przedstawiam zatem owe trzy kroki – pierwszy odczynia wyprojektowany gniew, gdyż mówi, że problem nie znajduje się na zewnątrz, tylko wewnątrz. Drugi krok mówi, że problem, który jest wewnątrz, został przeze mnie wymyślony i już go nie chcę. Trzeci krok następuje, gdy przekazujemy problem Duchowi Świętemu i On bierze go od nas.

Kroki te wydają się proste, ale jeśli dopisze wam szczęście, przebrniecie przez nie w ciągu jednego życia. Nie powinniście wierzyć, że można to uczynić z dnia na dzień. Niektórzy żywią magiczną nadzieję, że po przerobieniu *Książki ćwiczeń* w jeden rok znajdą się w Królestwie. Można tak myśleć, dopóki nie dotrze się do samego końca *Książki ćwiczeń* i nie przeczyta: „Ten kurs jest początkiem, a nie końcem" (K-czII.ep.1:1). Przeznaczeniem *Książki ćwiczeń* jest postawienie nas na właściwej ścieżce, umożliwienie nam wejścia w kontakt z Duchem Świętym i od tego momentu działanie z Nim. Odczynienie naszego poczucia winy to dzieło całego życia, ponieważ owo poczucie winy jest tak ogromne, że gdybyśmy stanęli przed nim całym naraz, bylibyśmy nim przytłoczeni, wierząc, iż zginiemy lub stracimy poczytalność. Z tego powodu musimy zajmować się nim kawałek po kawałku. Różne doświadczenia i sytuacje, z których składa się nasze życie, mogą być użyte jako część planu Ducha Świętego, by wyprowadzić nas z poczucia winy w niewinność.

Kurs cudów dużo mówi o oszczędzaniu czasu. Często mówi wręcz o oszczędzaniu tysięcy lat (np. T-1.II.6:7). Jest to – w złudzeniu czasu świata – ogromna ilość czasu. Podkreślam to, ponieważ nie chcę, abyście czuli się winni, jeśli nadal macie problemy w waszej pracy z *Kursem*. Prawdziwym celem na praktycznym poziomie *Kursu* nie jest uwolnienie od problemów, lecz rozpoznanie, czym są, a następnie rozpoznanie w sobie środków ich odczynienia.

Powtarzam raz jeszcze, celem *Kursu cudów* jest bardzo wyraźne przedstawienie systemów myślowych ego i Ducha Świętego – naszej nieprawidłowej i prawidłowej umysłowości – i w ten sposób umożliwienie nam dokonania wyboru przeciwko nieprawidłowej umysłowości na rzecz przebaczenia i Ducha Świętego. Jest to powolny proces i musimy być cierpliwi. Nikt nie ucieka przed poczuciem winy z dnia na dzień. Ludzie, którzy wam mówią, że przekroczyli swoje ego, prawdopodobnie tego nie uczynili. Gdyby naprawdę to uczynili, nawet nie powiedzieliby wam o tym, gdyż byliby ponad to.

Pozwólcie, że powiem teraz konkretnie, jak to działa. Zaraz zobaczymy, w jaki sposób – zgodnie z tym, o co proszą nas Jezus i Duch Święty – mamy podchodzić do sytuacji pojawiających się w naszym życiu. Powiedzmy, że siedzę sobie tutaj i staram się być w tym, co należy do mego Ojca (Łk 2,49), a ty wchodzisz i obrażasz mnie albo czymś we mnie rzucasz. Załóżmy w tej chwili, że podczas gdy tu siedzę, nie myślę swym prawidłowym umysłem. Innymi słowy, wierzę, że jestem ego. Odczuwam lęk i poczucie winy i nie wierzę, że Bóg jest ze mną, nie mam naprawdę zbyt dobrego mniemania o sobie. Ty wchodzisz i zaczynasz ciskać na mnie gromy, oskarżając mnie o najrozmaitsze rzeczy. Na pewnym poziomie, ponieważ czuję się winny, będę wierzył, że twój atak na mnie jest uzasadniony. Nie ma to nic wspólnego z tym, co mówisz, lub czego nie mówisz, ani z tym, czy to, co mówisz, jest prawdą. Sam fakt, że już czuję się winny, zażąda tego, abym wierzył, że powinienem zostać ukarany i zaatakowany. Ty wchodzisz i robisz dokładnie to, co w moim przekonaniu mi się należy. Będzie to miało dwa skutki. Po pierwsze, twój atak na mnie wzmocni całe poczucie winy, którego już doświadczam. Po drugie, wzmocni poczucie winy, którego ty już doświadczasz, ponieważ nie atakowałbyś mnie, gdybyś nie czuł się winny. Twój atak na mnie wzmocni twe własne poczucie winy.

W tej sytuacji nie będę tak siedział i dawał się atakować. Zrobię jedną z dwóch rzeczy, które są takie same. Pierwsza z nich będzie wyglądała tak, że pójdę do kąta, rozpłaczę się i każę ci patrzeć na to, jak strasznie mnie potraktowałeś. Każę ci patrzeć na to, ile cierpienia mi przysporzyłeś, na to, jak okropnie się czuję, i powiem ci, że powinieneś czuć się za to odpowiedzialny. Przesłanie, jakie chcę ci dać, brzmi następująco – cierpię teraz z powodu owej strasznej rzeczy, którą mi uczyniłeś. Oto mój sposób powiedzenia ci, że powinieneś czuć się bardzo winny za to, co zrobiłeś. Drugi sposób uczynienia tego samego to kontratak. Nawymyślam ci od ostatnich i powiem: „Jak śmiesz wyzywać mnie w ten sposób? To ty jesteś złym człowiekiem, itd".

Obie te obrony są sposobami wywołania w tobie poczucia winy za to, co mi uczyniłeś. Sam fakt, że to robię, stanowi atak, za który będę czuł się winny. Fakt, że obarczam winą ciebie, który już czujesz się winny, wzmocni twoje poczucie winy. W momencie, gdy moje poczucie winy spotka się z twoim, wzmocnimy je w sobie wzajemnie i zostaniemy w ten sposób jeszcze bardziej skazani na więzienie winy, w którym żyjemy.

Tym razem przyjmijmy, że wchodzisz tutaj i mnie obrażasz, ale myślę teraz swym prawidłowym umysłem i mam dobre mniemanie o sobie. Wiem, że Bóg jest ze mną, że mnie kocha i że dlatego nic nie może mnie skrzywdzić. Ponieważ wiem, że Bóg jest ze mną, wiem, że niezależnie od tego, co mi uczynisz, jestem doskonale bezpieczny i chroniony. Wiem, że bez względu na to, co powiesz, nawet gdyby było to prawdą na jakimś poziomie, na głębszym poziomie to nie może być prawdą, gdyż wiem, że jestem Synem Bożym i dlatego jestem kochany doskonałą miłością przez Ojca. Nie ma nic takiego, co mógłbyś zrobić lub powiedzieć, a co mogłoby mi to odebrać.

Jeśli założymy, że taka jest pozycja, w jakiej się znajduję, gdy wchodzisz i mnie obrażasz, to mogę wówczas spojrzeć na to, co zrobiłeś, w inny sposób. Pierwszy list Jana w Nowym Testamencie zawiera wspaniałe zdanie, które mówi: „Doskonała miłość usuwa lęk" (1 Jn 4,18). Jezus cytuje je parę razy w *Kursie* na różne sposoby (zob.

na przykład T-13.X.10:4; T-20.III.11:3). Znaczy to, że doskonała miłość usuwa nie tylko lęk, ale także grzech, winę i każdą formę cierpienia lub gniewu. Nie ma mowy, by ktokolwiek mógł być przepełniony Miłością Bożą (i się z nią utożsamiać) i lękać się, być zagniewanym, czuć się winnym lub starać się skrzywdzić kogokolwiek. Całkowitą niemożliwością jest czuć Miłość Bożą i próbować skrzywdzić drugą osobę. Po prostu nie jest się w stanie tego uczynić.

Znaczy to, że jeżeli usiłujesz mnie zranić, to w tym momencie nie wierzysz, że przepełnia cię Miłość Boża. W tym momencie nie identyfikujesz się jako Syn Boży. Nie wierzysz, że Bóg jest twoim Ojcem, a ponieważ jesteś w swoim stanie ego, czujesz się zagrożony i winny. Czujesz, że Bóg czyha na ciebie. I jedynym sposobem, w jaki potrafisz radzić sobie z tym całym poczuciem winy, jest atakowanie brata. Oto, co poczucie winy zawsze zrobi. Z tego powodu to, że mnie obrażasz lub atakujesz, mówi naprawdę: „Proszę, naucz mnie, że się mylę, proszę, naucz mnie, że istnieje Bóg, Który mnie kocha, i że jestem Jego dzieckiem. Proszę, pokaż mi, że miłość, którą uważam za niemożliwą dla siebie, naprawdę jest dla mnie". Oto dlaczego każdy atak jest wołaniem o pomoc lub wołaniem o miłość.

Pierwszy podrozdział dwunastego rozdziału *Tekstu* – „Osąd Ducha Świętego" – (T-12.I) mówi o tym bardzo wyraźnie. W oczach Ducha Świętego każdy atak jest wołaniem o pomoc lub wołaniem o miłość, bo gdyby ta osoba czuła się kochana, nigdy nie mogłaby zaatakować. Atak wyraża fakt, że ona nie czuje się kochana, i dlatego jest wołaniem o miłość. Mówi: „Proszę, naucz mnie, że się mylę, że naprawdę jest Bóg, Który mnie kocha, i że jestem

Jego dzieckiem, a nie dzieckiem ego". Jeżeli siedzę tu i myślę prawidłowym umysłem, właśnie to usłyszę. Usłyszę w ataku wołanie o miłość. Ponieważ zaś w tym momencie utożsamiam się z Miłością Bożą, czy mógłbym zareagować inaczej niż usiłując rozszerzyć ową Miłość?

Konkretna forma, w jakiej zareaguję na atak, zależy od Ducha Świętego. Jeśli myślę prawidłowym umysłem, spytam Go i On mi pokaże, jak powinienem zareagować. Forma mojego zachowania nie jest istotna. Nie jest to kurs dotyczący działania lub zachowania, lecz zmiany naszego myślenia. *Kurs cudów* wyraża to tymi słowami: „Nie próbuj więc zmieniać świata, lecz zdecyduj się zmienić swe myślenie o świecie" (T-21.in.1:7). Jeśli myślimy zgodnie z Duchem Świętym, wszystko, co zrobimy, będzie słuszne. Św. Augustyn powiedział kiedyś: „Kochaj i rób co chcesz". Jeśli w twym sercu jest miłość, wszystko, co będziesz robił, będzie słuszne; jeśli nie, wszystko będzie niesłuszne, niezależnie od tego, czym jest. Nie zajmuję się więc ani nie interesuję tym, co mam zrobić, gdy mnie zaatakujesz, lecz tym, jak pozostać przy myśleniu prawidłowym umysłem, aby móc zapytać Ducha Świętego, co mam uczynić. Powtarzam zatem, że jeśli będę myślał prawidłowym umysłem, ujrzę twój atak jako wołanie o pomoc, nie zaś jako atak.

Owa idea o osądzie jest niesłychanie ważna. Zgodnie z Duchem Świętym możemy dokonać tylko dwóch osądów o kimkolwiek i czymkolwiek w tym świecie. Jest to albo wyraz miłości albo wołanie o miłość. Żadne inne alternatywy nie są możliwe, co sprawia, że gdy zaczynamy w ten sposób myśleć, życie w tym świecie staje się bardzo proste. Jeśli ktoś wyraża w stosunku do mnie miłość, to czy mogę zareagować inaczej niż odpowiadając miłością? Jeśli brat lub siostra wołają o miłość, jak mogę zareagować inaczej niż dając ową miłość? Powtarzam zatem raz jeszcze – życie w tym świecie staje się bardzo proste. Znaczy to, że niezależnie od tego, co robimy, nasza reakcja zawsze będzie pochodzić z miłości, co naprawdę czyni wszystko prostym. *Kurs* mówi: „Złożoność pochodzi od ego" (T-15.IV.6:2), podczas gdy prostota pochodzi od Boga. Gdy stosujemy się do zasad Bożych, wszystko, co robimy, jest zawsze takie samo. Ostatni podrozdział piętnastego rozdziału spisany został w Nowym Roku i Jezus sugeruje w nim nasze noworoczne postanowienie: „Uczyń ten rok odmiennym poprzez czynienie wszystkiego takim samym" (T-15.XI.10:11). Jeśli ujrzysz, że wszystko jest albo wyrazem miłości, albo wołaniem o miłość, zawsze będziesz reagował w taki sam sposób – z miłością.

Przebaczenie jest moim patrzeniem poza ciemność twojego ataku i widzeniem go inaczej – jako wołania o światło. Jest to wizja Chrystusa, a celem *Kursu* jest udzielenie nam pomocy w spotykaniu każdej sytuacji i osoby w naszym życiu, bez wyjątku, z tą wizją. Uczynienie jednego wyjątku równa się powiedzeniu, że istnieje jakaś część mnie, którą chcę trzymać spowitą w ciemność winy, i że nie chcę nigdy pozwolić, by światło ją uwolniło. Uczynię to w ten sposób, że wyprojektuję to na ciebie i będę widział ową plamę ciemności w tobie. Ostateczna wizja *Kursu* pojawia się na ostatniej stronie *Tekstu*, gdzie czytamy, że „nie pozostaje ani jedna plama ciemności, by nadal skrywać przed kimkolwiek oblicze Chrystusa" (T-31.VIII.12:5). Wówczas cała ciemność winy w nas samych będzie odczyniona. Ujrzymy wtedy oblicze Chrystusa, które – nawiasem mówiąc – nie jest obliczem Jezusa.

Oblicze Chrystusa to oblicze niewinności, którą będziemy widzieli we wszystkich na świecie. Gdy to nastąpi, będzie znaczyło, że osiągnęliśmy wizję Chrystusa, co *Kurs* nazywa rzeczywistym światem – ostatecznym celem przed Niebem.

Znaczenie, jakie to wnosi do sposobu, w jaki prowadzimy nasze życie, polega na tym, że możemy widzieć wszystko, co się zdarza, bez wyjątku – od momentu naszych narodzin do momentu śmierci, od momentu, gdy budzimy się każdego ranka, do momentu, kiedy kładziemy się spać – jako sposobność, którą Duch Święty może się posłużyć, by pomóc nam ujrzeć siebie niewinnymi. Sposób, w jaki patrzymy na ludzi w naszym życiu, jest sposobem, w jaki patrzymy na siebie. Osoby, które są najtrudniejsze i najbardziej problematyczne, są zatem dla nas największymi darami, jeżeli bowiem możemy uzdrowić nasz związek z nimi, to uzdrawiamy nasz związek z Bogiem.

Każdy bez wyjątku problem, który widzimy w kimś innym i który chcemy wyłączyć z naszego życia, jest naprawdę potajemnym życzeniem wyłączenia jakiejś części naszego poczucia winy z nas samych, abyśmy nie musieli pozwolić mu odejść. Oto powab, jaki wina ma dla ego. Najlepszym sposobem trzymania się naszego poczucia winy jest atakowanie kogoś innego. Kiedykolwiek jesteśmy kuszeni, by to uczynić, *Kurs* mówi nam, że jest z nami Ktoś, Kto łagodnie klepie nas w ramię i mówi: „Bracie mój, wybierz raz jeszcze" (T-31.VIII.3:2). Wybieramy zaś zawsze między przebaczeniem i nieprzebaczeniem. Wybór, którego dokonujemy, by przebaczyć komuś innemu, jest tym samym wyborem, którego dokonujemy, by przebaczyć samym sobie. Nie ma różnicy między wnętrzem a zewnętrznością, wszystko jest projekcją tego, co czujemy w sobie. Jeśli czujemy winę, to ją będziemy projektować na zewnątrz. Jeśli czujemy wewnątrz Miłość Bożą, to ją będziemy szerzyć na zewnątrz. Wszyscy ludzie i wszystkie okoliczności w naszym życiu ofiarowują nam sposobność ujrzenia tego, co znajduje się wewnątrz projektora naszego własnego umysłu, ofiarowują nam sposobność dokonania innego wyboru.

Pytanie: Uważam, że cała ta idea brzmi fantastycznie, ale potem znajduję się w konkretnych sytuacjach, w których muszę ją zastosować. Chętnie podam przykład, kiedy wpadam w rozterkę i nie mogę znaleźć rozwiązania. Powiedzmy, że pracuję nad projektem dla szkoły. Mam godzinę na ukończenie go i ktoś mi przeszkadza. W tym momencie mam wybór zachowania się w taki albo inny sposób. Załóżmy, że owa osoba przeszkadza mi znowu, a ja nadal mam tylko godzinę na ukończenie projektu. W którym stadium można słusznie okazać silny gniew, myśląc w sposób prawidłowy?

Odpowiedź: To bardzo dobre pytanie. Henri Nouwen, profesor na uniwersytecie Yale, powiedział kiedyś, że ciągle przerywano mu pracę, dopóki nie rozpoznał, że owe przerwy były jego pracą. Ktoś taki jak ja, któremu ludzie ciągle wydają się przeszkadzać, powinien znaleźć w tym bardzo pomocną lekcję. Pozwólcie, że podam tu parę wskazówek.

Wszystko zależy naprawdę od tego, jak w naszym mniemaniu powinniśmy spędzić ową godzinę – czy wierzymy, że to my nadajemy jej cel, czy że działamy zgodnie z celem Boga dla nas. Jedną z możliwości jest ta, że cokolwiek jest w tej godzinie do zrobienia, naprawdę nie wymaga godziny. Może w ogóle nie musi być zrobione. I może przeszkadzająca nam osoba jest ważniejsza od tego, nad czym pracujemy. Może i jedno, i drugie jest ważne. Może pracę tę trzeba wykonać i może owa osoba również potrzebuje jakiegoś wyrazu przebaczenia. Właśnie tu nasza wiara jest tak ważna. Wszystko, co dotychczas powiedziałem o przebaczeniu, dotyczy tego, co my mamy do zrobienia. *Kurs cudów* mówi bardzo wyraźnie, że przebaczenia nie możemy dokonać sami, lecz jest ono dokonywane w nas przez Ducha Świętego. Gdy wydaje nam się, że jesteśmy w pozycji, w której niezależnie od tego, co uczynimy, wszystko będzie złe, wiara powiedziałaby nam, że nie wydarza się to przez przypadek. Stanowi to część jakiejś ważnej lekcji dla nas i dla tej drugiej osoby.

Musimy wówczas zwrócić się do wewnątrz, pomodlić się – jakkolwiek to robimy – i powiedzieć: „Chcę skończyć ten projekt, ale ta osoba krzyczy o pomoc. Nie chcę widzieć jej czy jego jako kogoś, kto zawraca mi głowę, lecz jako brata lub siostrę. Pomóż!". Jeśli naszym celem naprawdę jest nie skrzywdzić nikogo, podczas gdy wykonujemy to, co w naszym mniemaniu mamy do zrobienia, wszystko jakoś się ułoży.

Oto, czym jest cud – nie jest czymś magicznym wydarzającym się na zewnątrz, jest czymś, co dzieje się w naszym wnętrzu i pozwala nam poradzić sobie z daną sytuacją. Oto zasada, której musimy przestrzegać za każdym razem, kiedy mamy sytuację pozornie nie do rozwiązania – kiedy jesteśmy szczerze motywowani pragnieniem nieskrzywdzenia nikogo, lecz chcemy wykonać to, co mamy do zrobienia, i nie wiemy, jak to połączyć. Jest to najuczciwsze stwierdzenie, ponieważ sami z siebie nie wiemy, co robić, nawet gdy czujemy się absolutnie pewni. Jest w nas jednak Ktoś, Kto wie, i to do Niego możemy się zwrócić. I właśnie to jest odpowiedzią na nasz problem. I będzie ona taka sama w przypadku wszystkich naszych problemów.

Pozwólcie, że przejdę teraz do sceny o „Jezusie w świątyni" – tematu, który prawie zawsze pojawia się w chrześcijańskich grupach, zwłaszcza gdy mówię o gniewie. Wszyscy znacie scenę odwiedzin Jezusa w świątyni. Prawdopodobnie się wydarzyła, w przeciwnym razie nie wystąpiłaby we wszystkich czterech Ewangeliach (Mt 21,12; Mk 11,15; Łk 19,45; J 2,15). Nawiasem mówiąc, w ten właśnie sposób można sprawdzić, czy coś się wydarzyło, czy nie. Trzy Ewangelie – Mateusza, Marka i Łukasza – tworzą jedną grupę. Ewangelia Jana jest wyraźnie inna. Jeśli wszystkie cztery Ewangelie o czymś donoszą, istnieje duże prawdopodobieństwo, że to naprawdę się zdarzyło. Mogło nie zawsze zdarzyć się tak, jak to opisano, ale prawdopodobnie miało miejsce.

Scena ta przypada u Mateusza, Marka i Łukasza pod końcu życia Jezusa, tuż przed jego aresztowaniem. U Jana wydarza się zaraz na początku Jego kapłaństwa. Jezus pojawił się w świątyni w Jerozolimie, najświętszym miejscu w judaizmie. Ludzie zarobkowali tam na przeróżne sposoby, używali świątyni właściwie dla własnych celów. Jezus rzekł więc do nich: „Traktujecie dom mojego Ojca jak jaskinię zbójców". Nawiązał tu do Jeremiasza (Jr 7,11). Następnie wywrócił stoły, przy których przekupnie zajmowali się swoimi sprawami, i wyrzucił ich ze świątyni. Notabene nigdzie w Ewangelii nie ma wzmianki o tym, że

Jezus był zagniewany, lecz opisuje się go w stanie, który mógłby równać się zagniewaniu. Jest to zdarzenie, na które ludzie się powołują, by uzasadniać coś, co nazywają „sprawiedliwym gniewem". Mówią wówczas sobie, że skoro Jezus wpadł w gniew, to dlaczego oni nie mogą? Bardzo ciekawe przy tym jest to, że zapominają całą pozostałą treść Ewangelii, w których Jezus mówi bardzo wyraźnie o tym, co sądzi na temat gniewu. Wystarczy przeczytać Kazanie na Górze, w którym powiedział: „Przeczytaliście w Prawie, żebyście nie zabijali. Mówię wam, żebyście się nawet nie gniewali" (Mt 5,21-22). Jest to całkiem wyraźne stwierdzenie i opisuje dokładnie to, co zrobił pod koniec życia, kiedy wydawałoby się, że nikt nie byłby bardziej usprawiedliwiony w uniesieniu się gniewem niż on. Mimo to on się w ogóle nie gniewał.

To ciekawe, że ludzie skupiają się na jednym wydarzeniu i zapominają wszystko inne. Niemniej jednak myślę, że istnieją trzy możliwe interpretacje tej sceny. Pierwszą z nich jest ta, że nie wydarzyło się to tak, jak zostało opisane. Można ją uznać za wybieg, lecz od współczesnych badaczy biblijnych mamy wystarczający materiał dowodowy wskazujący na to, że Jezus wcale nie użył wielu gniewnych słów, które włożono mu w usta. Przypisał mu je wczesny Kościół, który usiłował uzasadnić własną pozycję. Jest jedno zdanie, w którym Jezusa cytuje się następująco: „Nie przyszedłem przynieść pokoju, ale miecz" (Mt 10,34). Nawiasem mówiąc, reinterpretuje on to zdanie w *Kursie* (T-6.I.15:2). W *The Jerome Biblical Commentary* – bardzo autorytatywna katolicka książka naukowa – zapytano, jak Książę Pokoju mógł to kiedykolwiek powiedzieć. Skonkludowano, że słowa owe pochodzą od wczesnego Kościoła, nie zaś od Jezusa. Tak więc pierwszą z możliwości jest ta, że on w ogóle nie zachował się tak, jak to opisano.

Jeśli odłożymy to jednak na moment na bok i założymy, że zachował się w ten sposób, oto jak postanowiłbym to zrozumieć: Podobnie jak każdy dobry nauczyciel, Jezus wiedział, jak przekazać to, co miał do powiedzenia, w możliwie najskuteczniejszy sposób. Jest to bardzo dramatyczna scena, która rozegrała się w Jerozolimie na oczach tych wszystkich, którzy przybyli tam na Paschę – jedno z trzech głównych świąt judaizmu – i pojawili się w Świątyni Jerozolimskiej. Działo się to tuż przed Paschą, więc Świątynię – najświętsze miejsce na ziemi dla Żyda – po brzegi wypełniali ludzie. Właśnie tu Jezus postanowił pokazać bardzo dobitnie, jak powinno się traktować świątynię jego Ojca. Jednym ze sposobów spojrzenia na to jest zatem ten, że Jezus nie był zagniewany, lecz raczej starał się wyrazić to, co miał do powiedzenia, możliwie jak najbardziej dramatycznie i przekonująco.

Gdy mówimy o gniewie, wyróżniamy jego trzy główne właściwości. Pierwsza z nich to ta, że zagniewany człowiek nie zaznaje pokoju. Nikt nie próbowałby utrzymywać, że w momencie, kiedy unosi się gniewem, jest spokojny. Oba te stany wzajemnie się wykluczają. Drugą jego właściwością jest ta, że w momencie, kiedy się gniewamy, jesteśmy jak najdalej od myśli o Bogu. Nie myślimy o Bogu; myślimy o tym, co ta straszna osoba nam uczyniła. Trzecia właściwość gniewu wiąże się z osobą, na którą jesteśmy zagniewani – wcale nie widzimy jej w tym momencie jako naszego brata lub naszej siostry. Widzimy ją oczywiście jako wroga, gdyż w przeciwnym wypadku nie atakowalibyśmy.

Osobiście byłoby mi raczej trudno uwierzyć, że na tym etapie życia Jezusa cokolwiek w tym świecie mogłoby pozbawić go pokoju, spowodować, że zapomni o swoim Ojcu, lub sprawić, że będzie patrzył na kogokolwiek na tym świecie inaczej niż jako na swego brata lub swoją siostrę. Myślę zatem, że Jezus nie uniósł się w świątyni gniewem tak, jak my byśmy to uczynili, lecz bardzo mocno coś demonstrował i nauczał lekcji tak, aby ludzie pojęli, o co mu chodzi. Mamy w Ewangeliach wiele przykładów, w których widać bardzo wyraźnie, że Jezus w jeden sposób uczy tłumy, a w całkiem inny swoich Apostołów, z którymi jest na stopie najbardziej intymnej – Jana, Jakuba lub Piotra (zob. na przykład Mt 5; Mk 9,2). Każdy nauczyciel zdaje sobie sprawę z istnienia poziomów nauczania. Świątynia była miejscem publicznym, w którym starał się zwrócić uwagę ludzi, aby coś przekazać. Nie był więc zagniewany na tych, których wypędzał.

Istnieje jeszcze trzeci sposób wyjaśnienia tego wszystkiego, który mówi, że Jezus miał atak ego. Po prostu miał dosyć, zniecierpliwił się, zagniewał i zaczął ciskać gromy. Osobiście nie wierzę, że mogłoby to zajść w tym okresie jego życia. Lecz jeśli nawet powiemy, że tak właśnie się stało, to dlaczego mielibyśmy utożsamiać się z jego ego zamiast z Chrystusem w nim i ze wszystkim innym, czego nauczał, co powiedział i demonstrował.

Nasze trzy interpretacje brzmią zatem następująco: (1) ta historia miała inne oblicze, (2) Jezus po prostu uczył na innym poziomie i nie był zagniewany, (3) Jezus miał atak ego i dlaczego mielibyśmy się z tym utożsamiać, skoro istnieją dużo lepsze sposoby spojrzenia na ten problem?

Pytanie: Dlaczego gniew używany jest tak szeroko w psychoterapii jako środek terapeutyczny polegający na uczeniu się między innymi tego, jak go wyrażać?

Odpowiedź: Większość rodzajów psychoterapii pochodzi z ego. Bardzo niefortunne jest to, że psychologia ostatnich dwudziestu lub trzydziestu lat odkryła gniew i uczyniła z niego bożka.

Pozwólcie, że powiem kilka słów o gniewie – jednym z głównych problemów świata. Broszurka *Psychoterapia*[3] mówi o tym, że problem psychoterapii to właściwie problem gniewu, ponieważ jest on tak ważną obroną przed poczuciem winy. Gniew sprawia, że naszą uwagę przykuwa zewnętrzność.

Warto zastanowić się nad gniewem z punktu widzenia jego historii na przestrzeni tego stulecia, zwłaszcza w oczach psychologów. Służy to jako tło dla tego, jak ludzie widzą go teraz. Przez około pierwsze pięćdziesiąt lat tego stulecia psychologia była zdominowana przez Freuda i psychoanalizę. Gdy czyta się Freuda i widzi wywarty przez niego wpływ, zawsze dobrze jest pamiętać, że wykonywał całą swą pracę w wybitnie wiktoriańskiej atmosferze. Na przełomie wieku Wiedeń naznaczony był silnym piętnem wiktoriańskich zasad, a Freud tak naprawdę był po prostu dzieckiem swojej epoki. Znaczy to, że miał wyraźne uprzedzenie do uczuć i bał się ich, a w wyniku tego bał się również je wyrażać. Interesujące jest to, że jego cała teoria miała na celu uwolnienie nas od wyparcia, a jednak jego osobiste nastawienie, które przekazał też w swych teoriach,

[3] Jedna z dwóch broszurek spisanych w ten sam sposób jak *Kurs cudów* – *Psychoterapia: cel, proces i praktyka* oraz *Pieśń modlitwy. Modlitwa, przebaczanie, uzdrawianie.*

było przeciwne wyrażaniu uczuć. Uważał, że możemy je analizować, sublimować lub przemieszczać, lecz nie powinniśmy ich wyrażać. Skupimy się tu na uczuciu gniewu.

Dominującym przekonaniem w psychologii i psychoterapii było to, że powinno się uczyć ludzi analizowania swych uczuć, sublimowania ich lub przemieszczania na coś innego. Nie mieli ich jednak wyrażać. Była to również nadrzędna wartość chrześcijańska. „Prawdziwy" chrześcijanin nadstawiał drugi policzek, co znaczy, że dostajemy w twarz dwa razy zgodnie z tym, jak lekcji tej nauczano i jak ją zrozumiano (nawiasem mówiąc, nie jest to sposobem, w jaki rozumiał to Jezus – on nie chciał, byśmy to rozumieli jako wezwanie do zostania ofiarami cierpiącymi w jego imieniu). Wszystko to wzmocniła idea, że gniewu należy się lękać. Uważany był za coś złego, co powinno się zapomnieć i wyprzeć. Po drugiej wojnie światowej przeżyliśmy rewolucję w psychologii. Ludzie nagle odkryli fakt, że mają uczucia. Powstał cały ruch *grup T*[4], treningu wrażliwości, grup spotkaniowych, maratonów grupowych, itd. Ludzie nie mieli już żadnych trudności z przełamywaniem obron przed gniewem i doświadczaniem wszystkich swych uczuć i emocji, zwłaszcza gniewu.

Dokonał się radykalny zwrot z jednej skrajności w drugą. Zamiast uczenia ludzi wyparcia gniewu i analizowania go, kryterium zdrowia umysłowego stało się wyzwalanie uczuć. I ludzie nauczyli się wyrażać swoje uczucia. W ten sposób ustanowiono dwie alternatywy – wyparcie gniewu i wyrażanie go. Jeśli bez przerwy wypieramy nasz gniew, dostajemy wrzodów żołądka i innych zaburzeń

[4] „T" od *trening*. Grupy te nastawione są na trening psychologiczny, dzięki któremu ludzie lepiej rozumieją swoje miejsce w grupie.

żołądkowo-jelitowych. Jeśli natomiast zawsze wyrażamy swój gniew, robimy dokładnie to, o czym wspomniałem poprzednio – wzmacniamy poczucie winy tkwiące u podłoża gniewu. Wydaje się więc, że nie ma wyjścia.

Kluczem do zrozumienia tego problemu jest spojrzenie na przesłanki, które leżą u podstaw obu tych alternatyw, i – co interesujące – są one takie same. Rozwiązania wydają się zupełnie różne – jedno polega na wyparciu, drugie zaś na uzewnętrznianiu gniewu – a jednak punkt wyjścia jest ten sam. Oba podejścia są naprawdę niczym orzeł i reszka jednej monety. Opierają się na założeniu, że gniew jest podstawową ludzką emocją tkwiącą w naszej naturze. Z tego powodu, gdy mówi się o gniewie, jest on opisywany prawie tak, jakby był wymierną masą energii. Mamy w sobie coś wrodzonego, co czyni z nas ludzi, a co zawiera w sobie gniew, i musimy coś z nim począć. Jeśli go zepchniemy i będziemy trzymali wewnątrz, to wybuchnie w nas i dostaniemy wrzodów. Jeśli za to wydobędziemy ową masę energii na zewnątrz i wydalimy z organizmu, będzie nam się wydawało, że czujemy się doprawdy wspaniale, ponieważ pozbyliśmy się tego strasznego ciężaru gniewu. Prawdziwy powód, dla którego wyrażanie gniewu jest tak pozytywnym uczuciem, nie ma nic wspólnego z wydobyciem go, a z tym, że po raz pierwszy wierzymy, iż w końcu pozbyliśmy się ciężaru poczucia winy.

Podstawową ludzką emocją nie jest gniew; jest nią poczucie winy. Owo fałszywe rozumowanie tkwi u podstaw całego stosunku świata wobec gniewu. Piękny podrozdział *Kursu cudów* zatytułowany „Dwie emocje" (T-13.V) mówi o tym, że mamy tylko dwie emocje. Jedna została nam dana, a drugą wytworzyliśmy. Ta, którą nam dano, to miłość; otrzymaliśmy ją od Boga. Ta zaś, którą wytworzyliśmy jako substytut miłości, to lęk. Przypominam raz jeszcze, że zawsze możemy używać terminów *lęk* i *poczucie winy* zamiennie.

Podstawową ludzką emocją, czyli podstawową emocją ego, jest lęk lub poczucie winy. Nie jest nią gniew. Gniew to projekcja winy i nigdy nie stanowi problemu. Prawdziwy problem stanowi zawsze ukryte poczucie winy. Powodem, dla którego czujemy się tak dobrze, gdy wyładujemy na kimś nasz gniew, jest to, że w owej chwili wierzymy, iż nareszcie pozbyliśmy się naszego poczucia winy. Problem pojawia się następnego ranka lub kilka ranków później, kiedy budzimy się i czujemy fatalnie. Doświadczamy wówczas psychologicznego kaca znanego pod mianem depresji. Nie wiemy, skąd depresja pochodzi. Obwiniamy za nią najrozmaitsze rzeczy. Nie pojmujemy, że prawdziwym jej powodem jest nasze poczucie winy za to, co uczyniliśmy tej drugiej osobie. Zawsze po tym, jak wpadniemy w gniew lub zaatakujemy, będziemy czuli się winni. Ludzie mówią o depresji jako o niewyrażonej wściekłości. Na jednym poziomie jest to prawda, lecz pod ową wściekłością kryje się poczucie winy. Prawdziwym znaczeniem depresji jest poczucie winy lub nienawiść do siebie samego.

Po tym, jak wam powiedziałem te wszystkie okropne rzeczy o gniewie, pozwólcie mi wspomnieć, że są sytuacje, w których wyrażanie gniewu może być pozytywne, i właśnie tego dotyczyło pytanie. Wymaga to spojrzenia na gniew z terapeutycznego punktu widzenia. Jeśli uczono nas przez całe życie, że gniew jest niedobry, co jest chyba prawdą w przypadku nas wszystkich, którzy się tu zebraliśmy, to nauczono nas naprawdę, że gniew napawa lękiem. Wierzymy, że jeśli wyrazimy gniew, tej drugiej osobie stanie się coś złego lub – co gorsza – nam przydarzy się coś złego. Z terapeutycznego punktu widzenia może więc być bardzo pomocne – jako część procesu całkowitego uwolnienia się od gniewu i poczucia winy – przejście przez okres, w którym wyrażamy gniew i doświadczamy tego, że nie jest to nic wielkiego. Możemy się na ludzi zezłościć i nie padną oni martwi u naszych stóp. Możemy się na kogoś pogniewać i Bóg nie uśmierci nas za tę straszliwą rzecz, której się dopuściliśmy. W ogóle nic złego się nie stanie. Nie jest to nic wielkiego. Będziemy wówczas mogli spojrzeć na gniew bardziej obiektywnie i rozpoznać, że wcale nie stanowi on problemu. Prawdziwy problem stanowi gniew skierowany w nas samych za naszą winę.

Niebezpieczeństwo polega na tym, że nie widzi się wyrażania gniewu jako etapu przejściowego. Dzięki temu, czego psychologia ostatnio naucza, widzi się je jako cel. Gniew czczony jest wówczas jako bożek, ponieważ czujemy się tak dobrze, gdy naprawdę się na kogoś zezłościmy. Psychologia nigdy nas nie nauczy (gdyż jest naprawdę bardzo świeckim systemem), że prawdziwy problem to poczucie winy i że stanowi ono obronę przed Bogiem. Wyrażanie gniewu staje się zatem celem i czujemy się z tym tak dobrze, że nie chcemy tego zaprzestać. Naszym celem powinno jednak być uświadomienie sobie naszego ukrytego poczucia winy i uporanie się z nim. Nasza potrzeba wyrażania gniewu powinna być tylko fazą przejściową do celu, którym jest całkowite pozostawienie go za sobą. Jeśli zatem przechodzimy okres, w którym czujemy potrzebę wpadania w gniew, powinniśmy widzieć go jako okres przejściowy i starać się ujrzeć gniew jako nic wielkiego. Pozwoli nam to dotrzeć do prawdziwego problemu, którym jest poczucie winy. Gdy rzeczywiście uporamy się z poczuciem winy i pozwolimy mu odejść, nigdy już nie poczujemy potrzeby uniesienia się gniewem.

Pytanie: Słuchając Pana Krishnamurti, zrozumiałem, że według niego istnieje możliwość natychmiastowej zmiany.

Odpowiedź: *Kurs cudów* mówi to samo. Twierdzi, że to wszystko mogłoby skończyć się w jednej chwili. Lecz w innych miejscach uprzedza, że potrwa to bardzo długo i że musimy być cierpliwi. Na samym początku *Tekstu* występuje zdanie, które na pewno zdenerwowało mnóstwo osób. Dotyczy Sądu Ostatecznego będącego naprawdę zbiorowym odczynieniem ego lub ukończeniem Pokuty. Informuje nas ono, że „podobnie jak oddzielenie, które dokonywało się na przestrzeni milionów lat, Sąd Ostateczny obejmie okres równie długi, a może nawet i dłuższy" (T-2.VIII.2:5). Zaraz potem dodaje jednak, że czas ten można znacznie skrócić przez cuda. Lecz faktycznie jest nieprawdopodobne, że stanie się to z dnia na dzień. Wystarczy pomyśleć o tym, jak utworzony jest nasz świat, żeby zdać sobie sprawę z ogromu lęku, który kryje się pod każdym jednym jego aspektem i go motywuje. Każda instytucja, każdy system myślowy w tym świecie motywowany jest przez lęk i poczucie winy. Nie możemy zmienić tego natychmiast. Uważam, że plan Pokuty i rola, jaką odgrywa w nim *Kurs*, polega na dużo szybszej zmianie umysłów jednostek, niż stałoby się to w przeciwnym wypadku. Właśnie na tym polega „niebiańskie przyspieszenie", lecz dokonuje się ono nadal w ramach znacznego okresu czasu.

Znaczenie cudów

Powinienem powiedzieć coś o cudach, wszak taki jest tytuł naszej książki. Jest to kolejne słowo, które używane jest inaczej. *Kurs cudów* używa słowa „cud" po prostu w znaczeniu naprawy, odczynienia błędnego postrzegania. Cud to zmiana w postrzeganiu, przebaczenie, środek uzdrawiania. Wszystkie te słowa są właściwie takie same. Nie mają nic wspólnego z zewnętrznością. Tak zwany cud w odniesieniu do czegoś zewnętrznego, jak kroczenie po wodzie lub zewnętrzne uzdrowienie, jedynie odzwierciedla wewnętrzny cud. Cud jest bowiem zmianą wewnętrzną. Jedno z najpiękniejszych zdań w *Kursie* definiuje go w ten sposób: „Najświętszym ze wszystkich miejsc na ziemi jest to, w którym odwieczna nienawiść stała się teraźniejszą miłością" (T-26.IX.6:1). To jest cud. Gdy nagle postrzeganie naszej nienawiści do kogoś zmieni się w patrzenie na tę osobę z miłością, będzie to cudem, zmianą w postrzeganiu, naprawą sposobu, w jaki patrzy ego, na sposób, w jaki patrzy Duch Święty.

Oto dlaczego jest to kurs cudów – mówi nam, jak tego dokonać. Mówi o tym, jak zmienić nasze myślenie. Powtarzam zatem, że nie zmieniamy świata, lecz nasze myślenie o świecie. Nie staramy się zmienić kogoś innego, zmieniamy sposób, w jaki patrzymy na niego. Duch Święty będzie wówczas przez nas działał, by dokonać tego, co uważa za najlepsze. Jest to zmiana w umyśle z towarzyszącą zmianą w postrzeganiu. Oto, czym jest cud i co stanowi cel *Kursu.*

Pozwólcie, że powiem teraz parę słów o roli, jaką odgrywają w tym Bóg i Duch Święty. Jedną z ważnych cech charakterystycznych *Kursu cudów* jest to, że jest on książką religijną. To nie tylko książka służąca samopomocy i rozsądny system psychologiczny, lecz również książka głęboko religijna. Jej aspekty religijne skupiają się wokół dwóch tez. Pierwsza z nich to ta, że bez Boga nie pozostaje nam nic poza ego. Jeżeli nie poznajemy, że istnieje Bóg, Który nas stworzył i Którego Synem jesteśmy, skazujemy się na jakiś wizerunek lub sposób postrzegania siebie, który zawsze będzie jakąś pochodną wyboru ego. Prawdziwe przebaczenie jest niemożliwe, jeśli wpierw nie podtrzymuje go przekonanie o naszej niepodatności na atak. Innymi słowy, nikt ani nic w tym świecie nie może nas skrzywdzić. Takie przekonanie jest niemożliwe, chyba że wiemy, iż istnieje Bóg, Który nas stworzył i Który nas kocha. Właśnie to stanowi podstawę całego systemu myślowego ofiarowanego nam przez Ducha Świętego i wyrażonego w *Kursie.*

Druga teza dotycząca istotności Boga w tym wszystkim jest nieco bardziej praktyczna. Prawdziwe przebaczenie jest niemożliwe bez Ducha Świętego. Jest to prawdą z dwóch punktów widzenia. Po pierwsze, to nie my przebaczamy, to nie my odczyniamy poczucie winy. Ściśle mówiąc, gdy *Kurs cudów* mówi o przebaczeniu, mówi naprawdę o decyzji pozwolenia, by przebaczenie Ducha Świętego przejawiało się przez nas. Sami z siebie nie moglibyśmy nigdy przebaczyć, bo sami z siebie, przynajmniej w tym świecie, jesteśmy ego. Nie możemy zmienić systemu myślowego z wewnątrz niego. Potrzebujemy pomocy z zewnątrz systemu myślowego – pomocy, która wnika w nasz system myślowy, po czym go przemienia. Ową pomocą spoza systemu myślowego ego jest Duch Święty. To On zatem przebacza poprzez nas.

Po drugie, co jest jeszcze ważniejsze i dzięki czemu znajdziemy odpowiedzi na szereg wciąż otwartych pytań, musimy wiedzieć, że przebaczenie to najtrudniejsza rzecz na świecie i dlatego prawie nikt go nie stosuje. Dlatego też cała koncepcja przebaczenia dana przez Jezusa była tak okrutnie niezrozumiana od czasu, kiedy ją ofiarował. Dzieje się tak z tego powodu, że gdy prawdziwie przebaczamy w sposób, o którym mówi *Kurs*, naprawdę pozwalamy odejść własnemu poczuciu winy. A nikt, kto utożsamia się z ego, nie chce tego uczynić. Bez pomocy Bożej nie bylibyśmy w stanie poradzić sobie z pewnymi głębszymi problemami związanymi z poczuciem winy, którym będziemy musieli stawić czoła.

Jeśli wyobrazimy sobie czas jako kontinuum, bardzo pomocnym wizerunkiem dla opisania całego tego procesu może być dywan czasu.

Dywan czasu

BÓG CHRYSTUS	rzeczywisty świat	ego - wina ⟶
		świat - ciało - forma - czas
		⟵ Duch Święty - przebaczenie

Gdy nastąpiło oddzielenie, cały ów dywan się rozwinął i od tamtego czasu szliśmy po nim w kierunku przeciwnym od Boga. Im bardziej oddalaliśmy się od Boga, tym głębiej angażowaliśmy się w świat oraz w problemy winy i grzechu. Gdy prosimy Ducha Świętego o pomoc, odwracamy ten proces i zaczynamy kroczyć w kierunku Boga. Kilka z najbardziej interesujących fragmentów *Kursu* mówi o czasie. Są one dla nas bardzo trudne do zrozumienia, ponieważ nadal w nim tkwimy. W pewnym miejscu mowa jest o tym, że czas wydaje się iść naprzód, lecz naprawdę cofa się do punktu, w którym się rozpoczął (T-2.II.6; P-2.3; 4:1-2). Właśnie wtedy nastąpiło oddzielenie. Całym celem Pokuty jest plan Ducha Świętego, by odczynić ego. I ów plan jest zawinięty w dywan czasu. Ego chciałoby, abyśmy ten dywan jeszcze bardziej rozwijali, podczas gdy Duch Święty chce, abyśmy zwinęli go z powrotem do samego początku.

Gdy go zwijamy, czego dokonują przebaczenie i cud, zbliżamy się do samej podstawy systemu ego. Zaraz na początku dywanu są narodziny ego – domu grzechu i winy. I jest to najgłębsza część systemu ego. Jeśli przypomnimy sobie wizerunek góry lodowej, o której wspomniałem poprzednio, na samym jej dole znajduje się rdzeń winy, którą wszyscy czujemy.

Gdy zbliżymy się do poczucia winy i lęku, przed którymi uciekaliśmy całe życie (jeśli nie przez wiele okresów istnienia), naprawdę wpadniemy w panikę. Owo poczucie winy jest czymś najbardziej druzgocącym i przerażającym w tym świecie. Z tego powodu proces ten jest powolny i, realizując go, musimy być cierpliwi. Jeśli się pośpieszymy, nie będziemy przygotowani na szturm poczucia winy, które w nas uderzy. W ostatnich dwóch akapitach pierwszego rozdziału *Tekstu* (T-1.VII.4-5) czytamy o potrzebie bardzo powolnego i uważnego studiowania całego materiału, włącznie z pierwszymi czterema rozdziałami. Jeśli tego nie uczynimy, nie będziemy przygotowani na to, co nadejdzie później, i zlękniemy się tego. Właśnie wtedy ludzie wyrzucają książkę.

Musimy powoli przerabiać cały materiał znajdujący się w nas samych, nie wspominając już o *Kursie,* gdyż w przeciwnym razie nasz lęk zostanie pobudzony w stopniu przewyższającym naszą zdolność poradzenia sobie z nim. Zbliżając się więc do podstawy systemu ego, będziemy się coraz bardziej lękać zagrzebanego tam poczucia winy. Jeżeli nie wiemy, iż jest z nami Ktoś, Kto trzyma nas za rękę, Kto nie jest nami i Kto nas kocha, nie będziemy w stanie uczynić tego kroku.

Kurs cudów uczy, że celem procesu odczyniania naszego poczucia winy nie jest całkowite przebudzenie ze snu, lecz życie w „rzeczywistym świecie" lub „szczęśliwym śnie". Z tego powodu, gdy dywan zostaje zwinięty, osiągamy wreszcie stan umysłu, w którym nie mamy już żadnej winy do projektowania i dlatego zaznajemy pokoju przez cały czas, bez względu na to, co dzieje się w świecie zewnętrznym. Ów stan umysłu to „rzeczywisty świat" – koncepcja odzwierciedlająca łagodność ścieżki *Kursu.* Jak mówi *Tekst*: „Wolą Boga było, by przebudził się łagodnie i z radością, i dał mu On środki, by przebudził się bez lęku" (T-27.VII.13:5).

Często jestem pytany o to, jak rozmawiam o przebaczeniu z ludźmi niewierzącymi w Boga. Właśnie w tym tygodniu miałem okazję przemawiać do emerytów w domu opieki, w którym moja matka pracuje jako wolontariuszka. Dom ów prowadzony jest przez organizację żydowską, lecz większość ludzi w nim zamieszkująca nie jest religijna w takim sensie, w jakim my to rozumiemy. Rozmawiałem tam o przebaczeniu, o czym zawsze mówię. Było to ciekawe wyzwanie. Starałem się nie wspominać o Bogu za często, gdyż to zraziłoby słuchaczy jeszcze bardziej. Bardzo trudno jest jednak mówić o przebaczeniu, nie wspominając o Bogu, ponieważ bez Boga prawdziwe przebaczenie nie może mieć miejsca.

Początkowe etapy procesu przebaczenia możemy przejść wszyscy, bo zawsze można nas nauczyć, jak patrzeć na ludzi inaczej. Lecz gdy zaczniemy zajmować się niektórymi z naprawdę trudnych problemów w naszym życiu, a ostatecznie będą to problemy przebaczenia, będziemy musieli wiedzieć, że jest z nami Ktoś, Kto nas kocha. Nie my jednak jesteśmy tą Osobą. Jest Nią Duch Święty, Jezus lub Ktoś o jakimś innym imieniu, które postanowimy Mu dać. Bez Jego pomocy będziemy zbyt wylęknieni, aby odbyć resztę drogi; będziemy chętni dojść tylko do pewnego punktu. Duch Święty to więc nie tylko nasz Przewodnik i Nauczyciel, lecz również nasz Pocieszyciel. Na samym końcu *Książki ćwiczeń* Jezus mówi: „bądź pewien, że nigdy nie zostawię cię bez pocieszenia" (K-czII.ep.6:8). Chyba że wiemy, iż ma on to zapewnienie na myśli bardzo dosłownie i że jest w nas Ktoś, Kto nie pochodzi od nas, a Kto będzie nas kochał i pocieszał, nigdy nie bylibyśmy w stanie przedostać się przez ową podstawę systemu ego, co wymaga od nas uporania się z naszym poczuciem winy. Powtarzam, że dokonuje się to zawsze w kontekście przebaczania innej osobie. Ani dla Jezusa ani dla Ducha Świętego nie jest ważne, jakie imię dla Nich wybierzemy. Lecz ważne jest dla Nich to, abyśmy rozpoznali, że jest z nami Ktoś, Kto pochodzi od Boga, Kto ujmuje nas za rękę i nas prowadzi. Bez tego uczucia pociechy i zapewnienia nigdy nie będziemy w stanie przekroczyć ego. Dlatego też gdy wydaje nam się, że wszystko układa się coraz gorzej, naprawdę może się polepszać.

Bardzo pomocne są dwa podrozdziały dziewiątego rozdziału *Tekstu*: „Dwie oceny" (T-9.VII) oraz „Wspaniałość a mania wielkości" (T-9.VIII). Wyraźnie mówią o tym, jak ego nas zaatakuje i stanie się brutalne, gdy zaczniemy podążać za Duchem Świętym. Pamiętajmy, że dla ego niewinni są winni. Gdy zdradzimy ego i zaczniemy wybierać niewinność zamiast winy, ego da nam znać o tym z nawiązką. Oto dlaczego *Kurs* mówi, że emocje ego sięgają od podejrzliwości do brutalności (T-9.VII.4:7). Gdy naprawdę zaczniemy brać Ducha Świętego poważnie, ego stanie się otwarcie brutalne. Będzie się wtedy wydawać, że zaczynamy napotykać prawdziwe trudności.

Mówię teraz o tym jako o abstrakcyjnej zasadzie, ale gdy przez to przechodzimy, jest to bardzo dalekie od abstrakcji. Może być najbardziej druzgocącą, potężną i bolesną rzeczą, jakiej kiedykolwiek doświadczymy. Powtarzam raz jeszcze – chyba że wiemy, iż jest z nami Ktoś, Kto przemawia na rzecz prawdy i miłości i Kto widzi nas inaczej, nigdy przez to nie przebrniemy. Wyrzucimy książkę, schowamy się pod łóżkiem i nigdy nie wyjdziemy. Albo pobiegniemy w przeciwną stronę. Oto dlaczego proces ten musi postępować powoli i dlaczego jesteśmy prowadzeni bardzo uważnie. Plan Pokuty dla każdego z nas jest bardzo starannie opracowany, co wyjaśnia różne okresy czasu, w których wszyscy go wykonujemy.

Kurs cudów tłumaczy, że program nauczania Pokuty jest zindywidualizowany (P-29.2:6), co znaczy, że Duch Święty naprawia wszystkie konkretne formy, w których jako jednostki przejawiliśmy nasz wspólny błąd oddzielenia. Nie my ustanawiamy plan tego programu nauczania. Nie rozumiemy nawet naprawdę, czym on jest. I z pewnością sami go nie przerabiamy. Ważne jest zatem, abyśmy nie mylili siebie z Bogiem, gdyż nie będziemy mieli wówczas do kogo się zwrócić, kiedy droga stanie się trudna.

Podczas gdy *Kurs* rzeczywiście mówi, że Duch Święty zawsze „przyśle" nam na świecie ludzi, którzy nam pomogą, ich głównym celem jest doprowadzenie nas do rozpoznania, iż Osoba, Która może pomóc najbardziej, znajduje się w nas. Dziękujmy Bogu, że istnieją ludzie, którzy mogą trzymać nas za rękę, gdy przez coś przechodzimy. Najważniejsze Źródło pociechy zawsze jednak będzie wewnątrz, ponieważ tam Bóg umieścił Odpowiedź. Muszę raz jeszcze podkreślić, że jest to proces powolny. Jeśli posuniemy się zbyt szybko, lęk nas przytłoczy, zanim zdobędziemy wystarczająco silne zaufanie w samych siebie lub w Boga. Ufność w nas samych polega naprawdę na wierze, że Duch Święty jest z nami, aby nam pomóc. W miarę jak czynimy postępy i ćwiczymy wszystkie codzienne lekcje, zaczynamy rozpoznawać, że wszystkie cuda i zmiany, które mają miejsce, nie są dokonywane przez nas. Dokonywane są poprzez nas, ale nie przez nas. Jest Ktoś, Kto nam w tym pomaga.

Kurs cudów bardzo wyraźnie podkreśla to, jak ważne jest nawiązanie osobistego związku z Jezusem lub

Duchem Świętym. Z punktu widzenia funkcji nie robi to różnicy, kogo się wybierze. Obydwoje funkcjonują jako nasi wewnętrzni Nauczyciele i *Kurs* używa Ich w ten sposób zamiennie. Gdy *Kurs* kładzie nacisk na ów osobisty związek z naszym wewnętrznym Nauczycielem, nie mówi o Duchu Świętym jako o abstrakcyjnym Bycie. Mówi o Nim jako o Osobie i używa zaimka „On". Mówi też o Nim często jako o wyrazie Miłości Bożej dla nas. Dotyczy to również Jezusa, gdy mówi on o swojej roli. *Kurs* chce więc, abyśmy wyrobili w sobie poczucie, że jest w nas Ktoś – nie abstrakcyjna moc – lecz prawdziwa Osoba, Która nas kocha i nam pomoże. Jeśli nie zdobędziemy tego uczucia pewności, zatrzymamy się daleko przed celem, ponieważ lęk stanie się po prostu zbyt intensywny. Jeśli nie doświadczacie jeszcze osobiście Ducha Świętego, nie powinniście wpadać w panikę. Bądźcie cierpliwi, a On sam się pojawi. Wystarczy wiedzieć, że jest Ktoś, Kto wam pomaga, niezależnie od tego, czy to czujecie, czy tylko wiecie to na poziomie intelektualnym. On da się wam poznać w takiej formie, jaką będziecie mogli przyjąć. Forma nie jest istotna. Istotna jest natomiast świadomość, że jest z nami Ktoś, Kto nie pochodzi od nas. Jest w nas, lecz pochodzi z tej części nas, która nie jest naszym ego-*ja*.

Pytanie: Mamy wolny wybór. Czy nie moglibyśmy postanowić przyspieszyć czasu, jeśli czujemy się gotowi?

Odpowiedź: Tak, jak najbardziej. To właśnie czyni cud.

Pytanie: Dotyczyłoby to przestrzeni jednego okresu życia, dlaczego więc musimy myśleć w kategoriach milionów lat?

Odpowiedź: Miliony lat odnoszą się do całego Synostwa. Sąd Ostateczny będzie końcem wszechświata materialnego takiego, jakim go znamy. Jednostka może jednak znacznie skrócić ten czas.

Powtarzam zatem, że jeżeli wszystko idzie nam dobrze i coś naprawdę zaczyna wywierać na nas presję, jest to prawdopodobnie dobry znak. Wskazuje na to, że ego się zlękło. Postara się ono wówczas o to, abyśmy zaczęli wątpić w Głos, którego słuchaliśmy. Postara się o to, abyśmy zwątpili w *Kurs* i we wszystko, czego się nauczyliśmy i co nam pomogło. Powinniśmy się zatem tego spodziewać, ale nie starać się tego spowodować. Gdy jednak atak ego nadejdzie, będziemy wiedzieli, co się dzieje, a bardzo pomocne jest rozpoznanie ego jako to, czym jest. Powiadam raz jeszcze, że atak ego nadchodzi zazwyczaj wtedy, kiedy myślimy, że stajemy się wolni od ego, więc pamiętajmy o tym, gdy nadejdzie trudny okres. Nie będzie to znaczyło, że to wszystko było fikcją. Będzie natomiast znaczyło, że się zlękliśmy, czyli że nasze ego się zlękło. W tym momencie powinniśmy ustąpić, wziąć Jezusa za rękę i poprosić go o pomoc w patrzeniu na nasz lęk. Sam fakt, że bierzemy go za rękę, pokazuje, że nie jesteśmy naszym ego. Będziemy wówczas patrzeć na atak ego i zdamy sobie sprawę z tego, że nie jest on tym, czym wydaje się być.

W ważnym podrozdziale zatytułowanym „Ponad polem walki" (T-23.IV) Jezus prosi nas, abyśmy wznieśli się ponad pole walki i patrzyli w dół na to, co się dzieje. Z tej perspektywy ujrzymy wszystko inaczej. Jeżeli natomiast na nim zostaniemy, będziemy widzieli tylko ból, zabijanie i winę. Jeśli możemy wznieść nasz punkt odniesienia tak, by patrzeć na pole walki ego z góry, ujrzymy je inaczej.

Ujrzymy, że to tylko nasze podskakujące z radości ego. I zrozumiemy, że nie robi to naprawdę żadnej różnicy. Proces ten wymaga czasu. Nie powinniśmy się spodziewać, że dokona się z dnia na dzień. Gdy jednak się dokona, rozpoznamy przynajmniej to, że tylko nasze ego dawało nam się we znaki. To nie jest rzeczywistość. Rzeczywistością jest to, że istnieje Bóg, Który nas kocha, i że zesłał nam Kogoś, Kto Go reprezentuje – Jezusa albo Ducha Świętego – i Kto trzyma nas za rękę oraz prowadzi przez nasze trudności.

Pytanie: Czy jest możliwe, że właśnie to się dzieje, kiedy medytuję? Czy to się dzieje, gdy przechodzę okresy, w których po prostu nie jestem w stanie spojrzeć na siebie podczas medytacji i mam w głowie gonitwę myśli. Czy znaczy to, że ego walczy?

Odpowiedź: Tak. Trzeba to rozpoznać i nie brać tego zbyt poważnie. Nie walcz przeciwko temu. Gdy walczysz przeciwko temu, urzeczywistniasz problem. Powinieneś więc ustąpić, spojrzeć na to i się zaśmiać. W kilku miejscach *Kurs* mówi nam, że powinniśmy śmiać się z ego. W jednym fragmencie mowa jest o tym, że sen, który uważamy za świat, jest snem rozpoczętym wówczas, kiedy Syn Boży zapomniał się zaśmiać (T-27.VIII.6:2-3). Jeśli będziemy śmiać się ze świata i z ego, znikną jako problemy. Najgorsze, co możemy zrobić, jest walczenie z problemem, ponieważ przez to ów problem wydaje się rzeczywisty. Wspomniany śmiech nie jest jednak z pewnością szyderczy ani nie powinno się go traktować jako zachęty do obojętności wobec konkretnych ludzkich przejawów podstawowego problemu oddzielenia.

Rozdział 5

JEZUS – CEL JEGO ŻYCIA

Myślę, że ważne jest teraz poruszenie tematu Jezusa, ponieważ wszyscy wydają się mieć z nim kłopoty, których przyczyn możemy upatrywać w niektórych poruszonych przeze mnie wcześniej kwestiach. Każdy, kto dorasta w tym świecie – czy to jako chrześcijanin, czy jako Żyd – ma wypaczone wyobrażenie o Jezusie. W *Kursie cudów* chce on to wszystko sprostować. Chce, aby ludzie widzieli go raczej jako kochającego brata niż jako brata symbolizującego osąd, śmierć, winę i cierpienie lub jako nieistniejącego brata. Oto dlaczego *Kurs* pojawił się w taki a nie inny sposób i dlaczego Jezus tak wyraźnie występuje w nim jako jego autor. Pozwólcie, że najpierw będę mówił o tym, jak Jezus opisuje siebie i cel swojego życia.

Koncepcja przyczyny i skutku jest jedną z najważniejszych w *Kursie cudów*. Jest pomocnym sposobem patrzenia na całą ideę przebaczenia, a w szczególności na misję Jezusa i na to, jak ją wypełnił. W samej istocie przyczyny i skutku leży to, że nie możemy mieć jednego bez drugiego. Tym, co ustanawia coś przyczyną, jest to, że prowadzi to do jakiegoś skutku. Tym zaś, co ustanawia coś skutkiem, jest to, że pochodzi on od przyczyny.

Jedno z moich najbardziej ulubionych zdań w *Kursie* wydaje się prawie niezrozumiałe. Brzmi: „Przyczyna uczyniona jest przyczyną poprzez swoje skutki" (T-

28.II.1:2). Jest to poetyczny sposób powiedzenia, że przyczynę czynią przyczyną jej skutki. Tym zatem, co ustanawia coś przyczyną, jest to, że ma to skutek. Tym, co ustanawia coś skutkiem, jest to, że ma on przyczynę. Jest to fundamentalna zasada tego świata, jak również i Nieba. Bóg jest Pierwszą Przyczyną, a Skutkiem jest Jego Syn. Bóg jest zatem Przyczyną, która ustanowiła Jego Syna Skutkiem. Jako Skutek Boga ustanawiamy więc Boga Stwórcą lub Ojcem.

Zasada ta działa również w tym świecie w ten sposób, że każda akcja wywołuje reakcję. Znaczy to również, że jeśli coś nie jest przyczyną, nie może w tym świecie istnieć. Wszystko w tym świecie musi mieć skutek; w przeciwnym razie nie istniałoby. Każda akcja musi mieć reakcję – to podstawowa zasada fizyki. Jeśli coś istnieje, będzie miało skutek w odniesieniu do czegoś innego. Z tego powodu wszystko, co istnieje w tym świecie, będzie przyczyną i będzie miało skutek i właśnie ów skutek ustanawia przyczynę. Czy to jest jasne? Zrozumienie tej zasady jest bardzo ważne, ponieważ możemy jej wówczas używać jako abstrakcyjnej formuły i stosować ją jako punkt odniesienia.

Powróćmy do biblijnej historii o pierwotnym grzechu. Gdy Bóg złapał Adama i Ewę i ich ukarał, wyraził tę karę w kontekście przyczynowym. Powiedział: „Przez to, co zrobiliście, oto, co się stanie. Ponieważ zgrzeszyliście, skutkiem waszego grzechu będzie życie pełne cierpienia". Grzech jest więc przyczyną całego cierpienia w tym świecie. Grzech oddzielenia, który dał początek ego, powoduje jego skutek – życie pełne cierpienia, bólu, ostatecznie zakończone śmiercią.

Wszystko, co znamy w tym świecie, jest skutkiem naszej wiary w grzech. Jest on zatem przyczyną, której skutkami są ból, cierpienie i śmierć. Następujące stwierdzenie św. Pawła jest genialne: „Albowiem zapłatą za grzech jest śmierć" (Rz 6,23). (Jest ono również cytowane w *Kursie* [T-19.II.3:6]). Mówił dokładnie to samo. Grzech jest przyczyną, a śmierć – skutkiem. Nie ma mocniejszego świadka rzeczywistości oddzielonego świata niż śmierć. Jest to ważny temat *Kursu*.

Śmierć staje się zatem ostatecznym dowodem na rzeczywistość grzechu. Jest skutkiem grzechu, który stanowi przyczynę. Jeśli spróbujemy teraz podążyć za sposobem myślenia Ducha Świętego i zechcemy udowodnić, że świat nie jest rzeczywisty i że grzech oddzielenia nigdy nie miał miejsca, wystarczy udowodnić, że grzech nie ma skutku. Jeśli możemy udowodnić, że przyczyna nie miała skutku, to owa przyczyna nie może już istnieć. Jeśli coś nie jest przyczyną, nie jest rzeczywiste. Wszystko, co rzeczywiste, musi być przyczyną i musi zatem mieć skutek. Jeśli usuniemy skutek, wyeliminujemy również przyczynę.

Jeżeli zatem najpotężniejszym skutkiem grzechu w tym świecie jest śmierć, zademonstrowanie złudności śmierci demonstruje jednocześnie, że grzechu nie ma. To mówi również, że oddzielenie nigdy nie nastąpiło. Potrzebujemy zatem kogoś, kto nam pokaże, że śmierci nie ma. Poprzez odczynienie śmierci osoba ta odczyni również grzech i pokaże nam jednocześnie, że nie ma oddzielenia, że ono nigdy nie nastąpiło i że jedyną rzeczywistością, jedyną prawdziwą Przyczyną jest Bóg. Ową osobą był Jezus. Jego misją zaś było pokazanie, że śmierci nie ma.

Zasada przyczyny i skutku podsumowana jest w następującym diagramie:

	PRZYCZYNA	⟷	SKUTEK
NIEBO	Bóg (Ojciec)	⟷	Chrystus (Syn)
świat	grzech	⟷	cierpienie choroba śmierć

Ewangelie mówią o Jezusie jako o Baranku Bożym, który gładzi grzechy świata (np. J 1,29). Sposobem, w jaki wygładził grzechy świata, było pokazanie, iż nie miały skutku. Poprzez pokonanie śmierci, wygładził wszystkie grzechy. Kościoły tak jednak tego nie zrozumiały, ani też tak tego nie nauczano. Jednym z ważnych powodów, dla których *Kurs* przyszedł właśnie teraz i taką drogą, jest naprawa owego błędu. Tym, co Jezus uczynił, było życie w tym świecie – świecie cierpienia, grzechu i śmierci – i pokazanie, że nie miał on w odniesieniu do niego skutku.

Cała podstawa *Kursu cudów* spoczywa na zrozumieniu, że zmartwychwstanie Jezusa faktycznie miało miejsce. Ściśle mówiąc, zmartwychwstanie jest jedynie przebudzeniem ze snu o śmierci. Dotyczy więc tylko umysłu, a nie ciała. Lecz zgodnie z tym, jak termin „zmartwychwstanie" używany jest w tradycyjnym chrześcijańskim języku, *Kurs* często używa go w podobnym znaczeniu. Jezus powiedział: „Nie ucz, że umarłem na próżno. Ucz raczej, iż nie umarłem, poprzez pokazywanie, że żyję w tobie" (T-11.VI.7:3-4). Mówi to samo wiele razy, na różne sposoby. Najważniejsze jest zatem zrozumienie, że śmierci nie ma, jeżeli bowiem śmierć jest rzeczywista, to każda inna forma cierpienia jest rzeczywista, a Bóg nie żyje. Co więcej, jeżeli grzech jest rzeczywisty, znaczy to, że część Boga oddzieliła się od Niego, co znaczy z kolei, że nie może być Boga. Bóg i Jego Syn nie mogą być oddzieleni.

Jezus podjął się zatem pokazania, że najbardziej przekonujący świadek rzeczywistości tego świata nie miał nad nim władzy. Oto całe znaczenie jego życia, jego misji i jego funkcji. Pokonanie śmierci to pokazanie, że śmierć nie jest rzeczywista, że jej pozorna przyczyna też nie jest rzeczywista i że nigdy zatem nie oddzieliliśmy się od Ojca. Oto odczynienie oddzielenia. *Kurs* mówi o Duchu Świętym jako o zasadzie Pokuty. W momencie, gdy oddzielenie wydało się nastąpić, Bóg umieścił w nas Ducha Świętego, co odczyniło oddzielenie. Oto zasada, lecz musiała ona przejawić się w tym świecie. I właśnie Jezus był tym, który przejawił zasadę Pokuty w swym życiu, śmierci i zmartwychwstaniu.

Powtarzam raz jeszcze, że wiara w Jezusa jako osobistego zbawiciela, jako Pana, czy jako czegoś innego, czym postanowimy go nazwać, nie jest konieczna dla odniesienia korzyści z *Kursu cudów*. Na jakimś poziomie musimy jednak przyjąć fakt, że zmartwychwstanie mogło się zdarzyć, nawet jeśli nie wierzymy w Jezusa. W ostatecznym rozrachunku, nie możemy przyjąć *Kursu*, jeżeli nie przyjmiemy również faktu, że śmierć jest złudzeniem. Nie musimy uczynić tego od razu i nie musimy w pełni wprowadzić tego w nasze życie, ponieważ w momencie, kiedy to w pełni wprowadzimy w życie, już nas tutaj nie będzie. To jest naszym celem. Musimy jednakże rozpoznać, że – jako intelektualna idea – stanowi to zasadniczą część całego systemu.

Pytanie: Gdy mówi Pan, że już nas tutaj nie będzie, czy znaczy to, że umrzemy?

Odpowiedź: Znaczy to, że nie będziemy musieli już tu być dla własnej Pokuty; spełnimy w końcu cel naszego pobytu tutaj. Gdy cel ten zostanie spełniony, będziemy mogli złożyć nasze ciało i znaleźć się z powrotem w Domu. Jest to przyjemna myśl, a nie zła – a za taką zwykle ją uważamy.

Owa zasada przyczyny i skutku działa również w przebaczeniu, Jezus zaś ofiarowuje nam niektóre z najlepszych pokazów tego działania. Przypomnijmy sobie przykład, w którym siedzę sobie tutaj, a ktoś wchodzi i mnie atakuje. Jeśli nie myślę swym prawidłowym umysłem, ujrzę tę osobę jako przyczynę mojego cierpienia. Moje cierpienie będzie wówczas skutkiem grzechu tej osoby. Moja reakcja bycia zranionym wzmocni fakt, że owa osoba zgrzeszyła. Jeśli myślę swym prawidłowym umysłem, nadstawię drugi policzek, co w tym kontekście znaczy, że pokażę tej osobie, iż jej grzech wobec mnie nie miał skutku, gdyż nie zostałem zraniony. Poprzez anulowanie skutku anuluję także przyczynę. Oto prawdziwe przebaczenie.

Jezus pokazał nam ten przykład nie tylko poprzez swoje zmartwychwstanie, lecz w różnych czynach pod koniec swojego życia. Przedstawione jest to w bardzo mocnym podrozdziale *Tekstu* zatytułowanym „Przesłanie ukrzyżowania" (T-6.I). Ludzie atakowali go, upokarzali, wyszydzali i obrażali, a w końcu zabili. Grzesząc wobec niego wydawali się powodować w nim cierpienie. Fakt, że nie odpowiedział atakiem, lecz nadal ich kochał i im przebaczał, był jego sposobem powiedzenia, że ich grzech wobec niego nie miał skutku, a zatem nie zgrzeszyli. Po prostu się mylili i po prostu wołali o pomoc. W taki właśnie sposób Jezus przebaczył nam nasze grzechy, nie tylko podczas swojego życia, lecz na pewno potem, w swoim zmartwychwstaniu. Jego zmartwychwstanie wyraźnie powiedziało, że popełniony przez świat grzech w postaci zamordowania go nie miał skutku. On nadal jest z nami, nie mogli go więc zabić, co znaczy, że nie zgrzeszyli. Patrzyli jedynie nieprawidłowo na swój „grzech". Na tym polega opisany przez *Kurs* plan przebaczenia Ducha Świętego. Odczyniamy przyczynę poprzez pokazanie, że nie miała skutku.

Najtrudniejszą rzeczą na świecie jest odpowiedzenie na atak przebaczeniem. Jest to jednak jedyna rzecz, o którą prosi nas Bóg. Jest to również jedyna rzecz, o którą prosi nas Jezus. I wspaniałe jest to, że nie tylko dał nam doskonały przykład, jak powinno się tego dokonać, ale też pozostał w nas, by nam pomóc uczynić to samo. Nikt nie mógłby stawić czoła atakom tego świata, nie wiedząc, że jest w nas ktoś, kto nas chroni, kocha, pociesza i prosi, abyśmy dzielili jego miłość z atakującą nas osobą. Nie możemy dokonać tego bez jego pomocy. I właśnie o to Jezus bezustannie prosi nas w *Kursie cudów* – abyśmy przyjęli jego pomoc w przebaczaniu.

Pytanie: Czy znaczy to, że kiedy prawdziwie przebaczamy komuś innemu po tym, jak nas zaatakował, to nie ego przebacza, lecz „staliśmy się" przejawieniem Ducha Świętego i to On przebacza?

Odpowiedź: Tak. Gdy Jezus mówi w *Kursie*, że jest przejawieniem Ducha Świętego, ma na myśli to, że nie ma w sobie żadnego innego głosu. Duch Święty opisany jest jako Głos mówiący w Imieniu Boga. Bóg nie ma dwóch głosów. Jezus nie ma już ego, więc jedyny dostępny mu Głos należy do Ducha Świętego i jest on Jego przejawieniem. W takim stopniu, w jakim jesteśmy w stanie się z nim utożsamić i połączyć w jego sposobie postrzegania świata (wizji Chrystusa), my też stajemy się przejawieniem Ducha Świętego, a nasz głos staje się Jego Głosem. Wtedy za każdym razem, gdy otworzymy usta, by coś powiedzieć, słyszany będzie Jego Głos. I właśnie o to Jezus nas prosi.

Jeden z najpiękniejszych fragmentów w *Kursie* znajduje się we wstępie do piątej powtórki w *Książce ćwiczeń* (K-czI.pV.9:2-3). Jest to jedno z niewielu miejsc w *Książce ćwiczeń*, w których Jezus mówi o sobie. Sparafrazowany, urywek ten brzmi następująco: „Potrzebuję twoich oczu, twoich rąk i twoich stóp. Potrzebuję twojego głosu, którym zbawię świat". Znaczy to, że bez nas nie może on zbawić świata. To właśnie ma na myśli w *Tekście,* gdy mówi: „Potrzebuję cię tak bardzo, jak ty potrzebujesz mnie" (T-8.V.6:10). Jego głos nie może być w świecie słyszany, chyba że będzie rozbrzmiewał przez nas, ponieważ inaczej nikt nie może go usłyszeć. Jezus musi przemawiać przez konkretne formy i ciała w tym świecie, aby słyszały go inne ciała. W przeciwnym razie pozostanie symboliczną abstrakcją bez większego znaczenia. Musimy pozwolić naszemu ego odejść na tyle, aby pozwolić Jezusowi mówić przez nas. Piękna modlitwa kardynała Newmana kończy się tymi słowami: „Gdy uniosą wzrok, niech widzą nie mnie, a tylko Jezusa". Gdy ludzie nas słuchają, niech słyszą nie nas, a tylko jego słowa.

Nie jest konieczne osobiste utożsamianie się z Jezusem jako postacią historyczną, kimś, kto został ukrzyżowany i „powstał z martwych". Nie jest nawet konieczne utożsamianie się z nim jako autorem *Kursu* czy naszym nauczycielem. Jest jednak konieczne przebaczenie mu. Jeśli tego nie uczynimy, będziemy mieli mu za złe coś, co naprawdę mamy za złe sobie. Nie prosi on o to, abyśmy obrali go za naszego osobistego nauczyciela. Prosi jedynie, abyśmy spojrzeli na niego inaczej i nie czynili go odpowiedzialnym za to, co inni z niego uczynili. W pewnym fragmencie *Kursu* Duch Święty mówi: „Zgorzkniałe bożki wytworzone zostały z tego, który chciał być światu jedynie bratem" (W-5.5:7). Podobnie jak Freud, który powiedział: „Nie jestem freudystą", Jezus mógłby powiedzieć: „Nie jestem chrześcijaninem". Nietzsche napisał, że ostatni chrześcijanin umarł na krzyżu, co niestety jest chyba prawdą.

Podsumowując zatem, możemy przypomnieć sobie słowa Jezusa w *Kursie cudów* zalecające, abyśmy obrali go za wzór do nauki (T-5.II.9:6-7; 12:1-3; T-6.wst.2:1; T-6.I.7:2; 8:6-7). Nie znaczy to z pewnością, że musimy dać się ukrzyżować tak jak on, lecz że powinniśmy identyfikować się ze znaczeniem jego śmierci, a mianowicie kiedy kusi nas uczucie, że zostaliśmy niesprawiedliwie potraktowani, że jesteśmy niewinnymi ofiarami tego, co uczynił nam świat, powinniśmy przywołać na myśl przykład Jezusa i poprosić go o pomoc. W oczach świata był on bezspornie niewinną ofiarą, a jednak nie podzielał tego sposobu postrzegania. Prosi nas zatem, abyśmy – zazwyczaj w okolicznościach dalece mniej skrajnych, niż w jego życiu – pamiętali, że jedynie nasze myśli mogą nas prześladować i że to, co inni nam czynią lub nawet wydają się czynić, nigdy nie może wpłynąć na pokój Boży i Jego Miłość, która jest naszą prawdziwą Tożsamością. Pamięć o tym stanowi podstawę przebaczenia, a nasze nauczenie się tego stanowi cel *Kursu cudów*.

Aneks

GLOSARIUSZ

Niniejszy glosariusz stanowi wyciąg z książki Kennetha Wapnicka zatytułowanej „Glossary-Index for *A Course in Miracles*" (Glosariusz-indeks do *Kursu cudów*). Podajemy tu najważniejsze terminy, które są niezbędne dla zrozumienia *Kursu*. W aneksie pojawiają się dwa istotne skróty: n.u. (nieprawidłowa umysłowość) dotyczy sposobu myślenia ego, natomiast p.u. (prawidłowa umysłowość) – interpretacji Ducha Świętego.

atak

próba uzasadnienia projekcji winy na innych, demonstrowanie ich grzeszności i winy po to, abyśmy mogli poczuc się od niej wolni; ponieważ atak jest zawsze projekcją odpowiedzialności za oddzielenie, nie jest nigdy uzasadniony; termin używany też w znaczeniu myśli o oddzieleniu od Boga, za którą – jak wierzymy – Bóg odpowie kontratakiem i karą.

Uwaga – terminy „atak" i „gniew" używane są właściwie synonimicznie.

bożek

symbol zastąpienia naszego prawdziwego *Ja* lub Boga przez ego; fałszywe przekonanie, że może istnieć coś innego lub coś więcej niż Bóg i być przez to od Niego oddzielnym; przekonanie to jest następnie projektowane na wyjątkowy związek: na ludzi, rzeczy lub idee; antychryst.

Bóg

Pierwsza Osoba Trójcy; Stwórca, Źródło całego bytu lub życia; Ojciec, Którego Ojcostwo ustanowione jest poprzez istnienie Jego Syna, Chrystusa; Pierwsza Przyczyna, Której Syn jest Jej Skutkiem; esencją Boga jest duch współdzielony z całym stworzeniem, którego zjednoczenie jest stanem Nieba.

choroba

konflikt w umyśle (poczucie winy) przemieszczony na ciało; podejmowana przez ego próba bronienia się przed prawdą (duchem) poprzez skupianie uwagi na ciele; chore ciało jest *skutkiem* chorego lub rozszczepionego umysłu, który jest jego *przyczyną*, i reprezentuje żywione przez ego pragnienie wzbudzenia w innych poczucia winy poprzez poświęcanie siebie i projektowanie na nich odpowiedzialności za atak.

Chrystus

Druga Osoba Trójcy; jedyny Syn Boży lub totalność Synostwa; *Ja* stworzone przez Boga w procesie rozszerzenia Jego ducha; choć Chrystus tworzy tak jak Jego Ojciec, nie jest Ojcem, ponieważ to Bóg stworzył Chrystusa, nie Chrystus Boga.

Uwaga – Chrystus nie równa się wyłącznie z Jezusem.

ciało

poziom I – ucieleśnienie ego; myśl o oddzieleniu wyprojektowana przez umysł i przybierająca formę; świadectwo pozornej rzeczywistości oddzielenia poprzez bycie ograniczeniem miłości, ponieważ wyłącza ją z naszej świadomości; odnosi się zarówno do naszego ciała fizycznego, jak i osobowości.

poziom II – inherentnie neutralne, ani „dobre” ani „złe”, umysł nadaje mu przeznaczenie.

n.u. – symbol poczucia winy i ataku.

p.u. – środek nauczania i uczenia się przebaczenia, dzięki któremu poczucie winy ego zostaje odczynione; narzędzie zbawienia, poprzez które mówi Duch Święty.

cud

zmiana myślenia, która przeobraża nasze postrzeganie ze świata ego, czyli świata grzechu, winy i lęku, na świat Ducha Świętego, czyli świat przebaczenia; odwraca projekcję poprzez przywrócenie umysłowi jego funkcji przyczynowości, pozwalając nam wybrać ponownie; przekracza prawa tego świata, by odzwierciedlać prawa Boże; dokonuje się poprzez nasze łączenie się z Duchem Świętym lub Jezusem, co jest środkiem uzdrawiania naszego umysłu oraz umysłów innych.

Uwaga – nie należy go mylić z tradycyjnym rozumieniem cudów jako zmian w zjawiskach zewnętrznych.

decyzja

ostatnia wolność pozostała nam, jako więźniom tego świata, to nasza moc decyzji; podczas gdy w Niebie nieznana, tutaj jest konieczna, ponieważ właśnie nasza decyzja bycia oddzielnym od naszego Stwórcy musi zostać naprawiona; dokonuje się tego poprzez wybranie Ducha Świętego zamiast ego, prawidłowej zamiast nieprawidłowej umysłowości.

diabeł

projekcja ego, które próbuje zaprzeczyć odpowiedzialności za nasz grzech i winę za pomocą ich projekcji na czynniki zewnętrzne, które wydają się zatem mieć na nas wpływ poprzez swoje „zło".

Drugie Przyjście

uzdrowienie umysłu Synostwa; zbiorowy powrót do świadomości naszej rzeczywistości jako jeden Syn Boży, którą mieliśmy w naszym stworzeniu – Pierwszym Przyjściu; poprzedza Sąd Ostateczny, po którym świat złudzeń się kończy.

duch

istota naszej prawdziwej rzeczywistości, która – pochodząc od Boga – jest niezmienna i wieczna; kontrastowany z ciałem – ucieleśnieniem ego – które zmienia się i umiera; Myśl w Umyśle Boga, która jest zjednoczonym Chrystusem.

Duch Święty

Trzecia Osoba Trójcy, metaforycznie opisana w *Kursie* jako Boża Odpowiedź na oddzielenie; Łącznia Komunikacji między Bogiem a Jego oddzielonymi Synami przerzucająca most między Umysłem Chrystusa, a naszym odszczepionym umysłem; pamięć o Bogu i Jego Synu, którą wzięliśmy ze sobą do naszego snu; Ten, Który widzi nasze złudzenia (postrzeganie) i prowadzi nas poprzez nie do prawdy (poznania); Głos mówiący w Imieniu Boga, Który przemawia również na rzecz naszego prawdziwego *Ja*, przypominając nam o zapomnianej przez nas Tożsamości; nazywany także Mostem, Pocieszycielem, Przewodnikiem, Mediatorem, Nauczycielem i Tłumaczem.

ego

wiara w rzeczywistość oddzielonego lub fałszywego *ja*, które wytworzono jako substytut *Ja* stworzonego przez Boga; myśl o oddzieleniu dająca początek grzechowi, winie, lękowi i systemowi myślowemu, który opiera się na wyjątkowości, aby się chronić; część umysłu wierząca, że jest oddzielna od Umysłu Chrystusa; ów rozszczepiony umysł ma dwie części: nieprawidłową i prawidłową umysłowość; prawie zawsze używane w znaczeniu „nieprawidłowej umysłowości", ale może obejmować tę część rozszczepionego umysłu, która jest w stanie nauczyć się, jak wybierać prawidłową umysłowość.

Uwaga – nie jest równoważne pojęciu „ego” używanemu w psychoanalizie, lecz może być w przybliżeniu równane z całą psychiką, której część stanowi psychoanalityczne „ego”.

forma – treść

multum form świata przesłania prostotę ich treści – prawda lub złudzenie, miłość lub lęk; ego próbuje nas przekonać, że nasze problemy są na poziomie formy, tak że ich ukryta treść – lęk – umyka naszej uwadze i naprawie; Duch Święty naprawia wszystkie nasze pozorne problemy u ich źródła – w umyśle – uzdrawiając wywodzącą się z ego treść lęku Swoją Miłością i pokazując, że nie ma porządku trudności w cudach lub w rozwiązywaniu problemów.

grzech

wiara w rzeczywistość naszego oddzielenia od Boga widzianego przez ego jako akt niepodatny na naprawę, ponieważ przedstawia nasz atak na Stwórcę, Który nigdy nam nie przebaczy; prowadzi do poczucia winy żądającego kary; odpowiednik oddzielenia oraz centralne pojęcie w systemie myślowym ego, z którego logicznie wywodzą się wszystkie pozostałe; dla Ducha Świętego jest to błąd w naszym myśleniu, który trzeba naprawić, a zatem który trzeba przebaczyć i uzdrowić.

Ja

nasza prawdziwa Tożsamość jako Syn Boży; synonimiczne z Chrystusem, Drugą Osobą Trójcy, i skontrastowane z ego-*ja*, które wytworzyliśmy jako substytut stworzenia Bożego; używane rzadko w odniesieniu do Bożego *Ja*.

Jednia umysłowa

Umysł Boga lub Chrystusa; rozszerzenie Boga, które jest zjednoczonym Umysłem Synostwa; ponieważ przekracza zarówno prawidłową jak i nieprawidłową umysłowość, znajduje się tylko na poziomie poznania i Nieba.

Jezus

źródło *Kursu*, jego pierwsza osoba lub „ja"; ten, który jako pierwszy spełnił swą rolę w Pokucie, co umożliwiło mu stanięcie na czele całego planu; poprzez przekroczenie swojego ego Jezus utożsamił się z Chrystusem i może teraz służyć jako nasz wzór do nauki i jako stale obecna pomoc, kiedy zwracamy się do niego w naszym pragnieniu przebaczenia.

Uwaga – Jezus nie ma być wyłącznie identyfikowany jako Chrystus, czyli Druga Osoba Trójcy.

lęk

emocja ego kontrastująca z miłością – emocją daną nam przez Boga; wywodzi się z oczekiwanej za nasze grzechy kary, której domaga się nasze poczucie winy; wynikające z niego przerażenie tym, na co w naszym przekonaniu zasłużyliśmy, prowadzi nas – dzięki dynamice zaprzeczania i projekcji – do bronienia się poprzez atakowanie innych, co z kolei jedynie wzmacnia nasze poczucie podatności na atak i lęk, ustanawiając błędne koło lęku i obrony.

magia

próba rozwiązania problemu tam, gdzie go nie ma, tzn. usiłowanie rozwiązania problemu, który jest w umyśle, poprzez fizyczne lub „pozbawione umysłu" środki – strategia ego mająca na celu zachowanie prawdziwego problemu – wiary w oddzielenie – z dala od Bożej Odpowiedzi; projektujemy winę na zewnątrz umysłu na innych (atak) lub na nasze ciała (choroba) i tam staramy się ją naprawić, zamiast odczynić ją w naszych umysłach poprzez przyniesienie jej do Ducha Świętego; nazywana w *Pieśni Modlitwy*[5] „fałszywym uzdrawianiem".

mechanizmy obronne

n.u. – procesy, którymi posługujemy się, aby „chronić" siebie przed naszym poczuciem winy, naszym lękiem, a także pozornym atakiem ze strony innych. Najważniejsze z nich to zaprzeczenie i projekcja. Z natury rzeczy „środki obrony *czynią* to, przed czym mają bronić", ponieważ wzmacniają wiarę w naszą podatność na atak, co tylko zwiększa nasz lęk i przekonanie, że potrzebujemy obrony.

p.u. – zreinterpretowane jako środki uwolnienia nas od lęku; np. zaprzeczenie zaprzecza

[5] Broszurka spisana w ten sam sposób jak *Kurs cudów* w rok po ukazaniu się *Kursu*.

„zaprzeczeniu prawdy", a projektowanie naszej winy umożliwia nam uświadomienie sobie tego, czemu zaprzeczyliśmy, tak że możemy to prawdziwie przebaczyć.

miłość

poznanie – esencja bytu Bożego i związek z Jego stworzeniem, który jest niezmieniający się i wieczny, poza definicją i nauczaniem, i może być doświadczany lub znany jedynie wtedy, gdy bariery poczucia winy zostaną dzięki przebaczeniu usunięte.

prawdziwe postrzeganie – niemożliwa w złudnym świecie postrzegania, lecz wyrażana tutaj poprzez przebaczenie; emocja dana przez Boga w przeciwieństwie do lęku – emocji ego – i odzwierciedlana w każdym wyrazie prawdziwego złączenia z drugą osobą.

Niebo

niedualistyczny świat poznania, w którym Bóg i Jego

stworzenie przebywają w doskonałym zjednoczeniu Jego Woli i ducha; choć wyklucza ono świat postrzegania, można je tutaj jednak odzwierciedlać w świętym związku oraz w rzeczywistym świecie.

nieprawidłowa umysłowość

część naszych oddzielonych i rozszczepionych umysłów, która zawiera ego – głos grzechu, winy, lęku i ataku; wciąż jesteśmy proszeni o wybranie prawidłowej zamiast nieprawidłowej umysłowości, która więzi nas coraz mocniej w świecie oddzielenia.

oblicze Chrystusa

symbol przebaczenia; oblicze prawdziwej niewinności widziane w kimś innym, gdy patrzymy poprzez wizję Chrystusa, wolni od naszych projekcji winy; jest to zatem rozszerzenie ku innym niewinności, którą widzimy w sobie, niezależne od tego, co mogą widzieć nasze fizyczne oczy.

Uwaga – nie należy mylić tego z obliczem Jezusa ani z niczym zewnętrznym.

oddzielenie

wiara w grzech, która potwierdza tożsamość oddzielną od naszego Stwórcy; wydaje się, że raz wystąpiło, a system myślowy, który powstał z tej idei, reprezentowany jest przez ego; wynika z niego świat postrzegania i formy, bólu, cierpienia i śmierci, rzeczywisty w czasie, lecz nieznany w wieczności.

piekło

złudny, wytworzony przez ego wizerunek świata poza śmiercią, który karze nas za nasze grzechy; piekło staje się zatem winą z przeszłości wyprojektowaną na przyszłość, pomijającą teraźniejszość; używane również w znaczeniu systemu myślowego ego.

Pokuta

powzięty przez Ducha Świętego plan naprawy mający na celu odczynienie ego i uzdrowienie wiary w oddzielenie; zaistniał po oddzieleniu i zostanie ukończony, gdy każdy oddzielony Syn spełni swoją część w Pokucie poprzez całkowite przebaczenie; jego zasadą jest to, że oddzielenie nigdy nie nastąpiło.

postrzeganie

poziom I – powstały po oddzieleniu dualistyczny świat formy i różnic, wzajemnie wykluczający się z niedualistycznym światem poznania; świat ten powstaje z naszej wiary w oddzielenie i nie ma rzeczywistości poza ową myślą.

poziom II – powstaje z projekcji – to, co widzimy wewnątrz, określa to, co widzimy na zewnątrz nas; podstawowe znaczenie dla postrzegania ma zatem raczej nasza *interpretacja* „rzeczywistości" niż to, co wydaje się obiektywnie rzeczywiste.

n.u. – postrzeganie grzechu i winy

wzmacnia wiarę w rzeczywistość oddzielenia.

p.u. – postrzeganie okazji do przebaczenia służy odczynieniu wiary w rzeczywistość oddzielenia.

poświęcenie

centralne przekonanie w systemie myślowym ego – ktoś musi stracić, jeżeli ktoś inny ma zyskać; zasada rezygnowania po to, aby otrzymać (dawanie, by dostać); np. aby otrzymać Miłość Bożą, musimy uiścić zapłatę – zazwyczaj w formie cierpienia jako ekspiacji za naszą winę (grzech); aby otrzymać czyjąś miłość, musimy za nią zapłacić poprzez dobicie targu wyjątkowej miłości; odwrócenie zasady zbawienia lub sprawiedliwości – nikt nie traci i wszyscy zyskują.

poznanie

Niebo lub poprzedzający oddzielenie świat Boga i Jego zjednoczonego stworzenia, w którym nie ma różnic form i który zatem wyklucza świat postrzegania; nie należy mylić tego terminu z codziennym znaczeniem słowa „wiedza" zakładającym dualność podmiotu, który *wie*, i przedmiotu, o którym coś się *wie*; użyte w *Kursie* słowo *poznanie* odzwierciedla czyste doświadczenie niedualizmu pozbawione dychotomii podmiotu – przedmiotu.

prawdziwe postrzeganie

Widzenie oczyma Chrystusa, wizja przebaczenia, która naprawia wywodzące się z ego błędne postrzeganie oddzielenia poprzez odzwierciedlanie prawdziwego zjednoczenia Syna Bożego; nie należy go równać ze wzrokiem fizycznym – jest ono nastawieniem, które odczynia projekcje winy, pozwalając nam widzieć rzeczywisty świat w miejsce świata grzechu, lęku, cierpienia i śmierci.

prawidłowa umysłowość

część naszych umysłów, która zawiera Ducha Świętego – Głos przebaczenia i rozumu; jesteśmy wielokrotnie proszeni o wybranie go zamiast nieprawidłowej umysłowości, o podążanie za kierownictwem Ducha Świętego zamiast za kierownictwem ego i powrócenie w ten sposób do Jedni umysłowej Chrystusa.

projekcja

fundamentalne prawo umysłu – projekcja wywołuje postrzeganie – to, co widzimy wewnątrz, określa to, co widzimy na zewnątrz naszych umysłów.

n.u. – wzmacnia poczucie winy poprzez przemieszczanie jej na kogoś innego, atakowanie jej tam i zaprzeczanie jej obecności w nas samych; próba zdjęcia z siebie odpowiedzialności za oddzielenie i zrzucenia jej na innych.

p.u. – zasada szerzenia, odczynia poczucie winy poprzez pozwalanie, by przebaczenie Ducha Świętego było szerzone (projektowane) przez nas.

przebaczenie

patrzenie na naszą wyjątkowość z Duchem Świętym lub Jezusem bez poczucia winy ani osądu; nasza wyjątkowa funkcja, która zmienia postrzeganie kogoś innego jako „wroga" (wyjątkowa nienawiść) lub „zbawiciela-bożka" (wyjątkowa miłość) na postrzeganie go jako brata albo przyjaciela i usuwa z niego wszystkie projekcje winy; wyraz cudu lub wizji Chrystusa, która widzi wszystkich ludzi jako zjednoczonych w Synostwie Bożym, ponieważ patrzy poza pozorne różnice odzwierciedlające oddzielenie – tak więc postrzeganie grzechu jako rzeczywistego czyni prawdziwe przebaczenie niemożliwym; rozpoznanie, że to, co – jak myśleliśmy – zostało nam uczynione, sami sobie uczyniliśmy, skoro jesteśmy odpowiedzialni za nasze scenariusze i dlatego tylko my jesteśmy w stanie pozbawić się pokoju Bożego – przebaczamy zatem innym to, czego oni nam *nie* uczynili, nie zaś to, co nam uczynili.

przyczyna – skutek

przyczyna i skutek są od siebie wzajemnie zależne, ponieważ istnienie jednego określa istnienie drugiego; co więcej, jeżeli coś nie jest przyczyną, nie może istnieć, skoro cały byt ma skutki.

Poznanie	– Bóg jest jedyną *Przyczyną*, Jego Syn zaś jest Jego *Skutkiem*.
Postrzeganie	– myśl o oddzieleniu (grzech) jest *przyczyną* snu o cierpieniu i śmierci, która jest *skutkiem* grzechu; przebaczenie

odczynia grzech poprzez pokazanie, że nie ma on skutku; tzn. że to, co inni nam uczynili, nie ma żadnego wpływu na pokój Boży i nasz miłujący związek z Nim; ponieważ grzech nie ma skutków, nie może być przyczyną, tak więc nie może istnieć.

przynoszenie ciemności (złudzeń) do światła (prawdy)

proces odczyniania zaprzeczenia i dysocjacji wyrażający decyzję przyniesienia naszego poczucia winy do światła Ducha Świętego, aby móc na nie spojrzeć i je przebaczyć, zamiast lękliwie trzymać je w ciemności naszych nieświadomych umysłów, w których nigdy nie można byłoby na nie spojrzeć i go odczynić; życie w złudzeniach pociąga za sobą chorobę i ból, podczas gdy przynoszenie ich do prawdy jest uzdrawianiem i zbawieniem.

rzeczywisty świat

stan umysłu, w którym – dzięki całkowitemu przebaczeniu – świat postrzegania zostaje wyzwolony z umieszczonej na nim przez nas projekcji winy. A zatem to umysł się zmienia, a nie świat, i widzimy poprzez wizję Chrystusa, która błogosławi zamiast potępiać; szczęśliwy sen Ducha Świętego; koniec Pokuty, która odczynia nasze myśli o oddzieleniu i pozwala Bogu uczynić ostatni krok.

Sąd Ostateczny (Końcowy)

Poznanie – skontrastowany z tradycyjnym chrześcijańskim spojrzeniem na osąd i karę, aby odzwierciedlić miłujący związek Boga ze *wszystkimi* Jego Synami – Jego Końcowy Osąd.

prawdziwe postrzeganie – skontrastowany z tradycyjnym chrześcijańskim spojrzeniem na osąd i karę i zrównany z zakończeniem Pokuty, kiedy – po Drugim Przyjściu – dokona się końcowe rozróżnienie pomiędzy prawdą a złudzeniem, całe poczucie winy będzie odczynione, a świadomość zostanie nam przywrócona jako Chrystusowi – Synowi żyjącego Boga.

sen

stan po oddzieleniu, w którym Syn Boży śni o świecie grzechu, winy i lęku, wierząc, że to jest rzeczywistość, a Niebo jest snem; Syn, będąc śniącym, stanowi *przyczynę* świata, który jest *skutkiem*, choć ów związek między przyczyną a skutkiem wydaje się w tym świecie odwrócony, skoro jesteśmy pozornie skutkiem lub ofiarą świata; używany niekiedy w znaczeniu snów, które śnimy w nocy, choć nie ma prawdziwej różnicy między nimi, a tymi, które śnimy na jawie, ponieważ i jedne, i drugie należą do złudnego świata postrzegania.

stworzenie

rozszerzenie bytu lub ducha Boga – Przyczyny – którego wynikiem był Jego Syn – Skutek; opisane jako Pierwsze Przyjście Chrystusa; funkcją Syna w Niebie jest tworzenie, tak jak było to funkcją Boga, kiedy Go stworzył.

Uwaga – istnieje tylko na poziomie poznania i nie jest równoznaczne z tworzeniem lub kreatywnością w sensie, w jakim terminy te używane są w świecie postrzegania.

Syn Boży

poznanie – Druga Osoba Trójcy; Chrystus, Który jest naszym prawdziwym *Ja*.

postrzeganie – nasza tożsamość jako oddzieleni Synowie lub Syn Boży jako ego z nieprawidłowym i prawidłym umysłem; biblijny związek wyrazowy „syn człowieczy" używany jest rzadko w znaczeniu Syna w stanie oddzielenia.

szczęśliwy sen

naprawa Ducha Świętego dla wytworzonego przez ego snu o bólu i cierpieniu; choć nadal złudny, szczęśliwy sen wiedzie nas poza wszystkie pozostałe złudzenia do prawdy; jest snem o przebaczeniu, w którym widzi się w końcu rzeczywisty świat i zbawienie zostaje osiągnięte.

śmierć

n.u. – ostateczny świadek pozornej rzeczywistości ciała i oddzielenia od naszego Stwórcy, Który jest życiem; jeśli ciało umiera, to musiało żyć, co znaczy, że jego wytwórca – ego – również musi być rzeczywisty i żywy; widziana też przez ego jako ostateczna kara za nasz grzech oddzielenia się od Boga.

p.u. – ciche złożenie ciała po tym, gdy spełni ono swoje przeznaczenie jako narzędzie nauczania.

świat

poziom I – *skutek* wiary ego w oddzielenie, która jest jego *przyczyną*; myśl o oddzieleniu i ataku na Boga, której nadano formę; ponieważ jest wyrazem wiary w czas i przestrzeń, nie został stworzony przez Boga, Który całkowicie przekracza czas i przestrzeń; odnosi się tylko do postrzegania, czyli do powstałej po oddzieleniu domeny ego, chyba że jest konkretnie użyty w odniesieniu do świata poznania.

poziom II – n.u. – więzienie oddzielenia, które wzmacnia wiarę ego w grzech i winę, podtrzymując pozorne istnienie tego świata.

p.u. – sala lekcyjna, w której uczymy się naszych lekcji przebaczania, narzędzie nauczania Ducha Świętego służące nam pomocą w przekroczeniu świata; przeznaczeniem świata jest zatem nauczenie nas, że świata nie ma.

święta chwila

chwila poza czasem, w której wybieramy przebaczenie zamiast winy, cud zamiast urazy, Ducha Świętego zamiast ego; wyraz naszej odrobiny chęci, abyśmy żyli w teraźniejszości otwierającej się na wieczność, zamiast trzymać się przeszłości i lękać przyszłości, która zachowuje nas w piekle; termin używany również w znaczeniu ostatecznej świętej chwili, rzeczywistego świata, ukoronowania wszystkich wybranych przez nas po drodze świętych chwil.

święty związek

wybrany przez Ducha Świętego środek odczynienia bezbożnego, czyli wyjątkowego związku poprzez zmianę celu winy na cel przebaczenia lub prawdy; proces przebaczenia, w którym ten, który postrzegał kogoś innego jako oddzielnego, łączy się z nim w swym umyśle poprzez wizję Chrystusa.

Trójca

zjednoczenie Jej Poziomów nie może być zrozumiane w

tym świecie; składa się z 1) Boga, Ojca i Stworzyciela, 2) Jego Syna, Chrystusa, naszego prawdziwego *Ja*, w które włączone są nasze stworzenia, 3) Ducha Świętego, Głosu mówiącego w Imieniu Boga.

ukrzyżowanie

symbol ataku ego na Boga, a w związku z tym na Jego Syna, świadczący o „rzeczywistości" cierpienia, poświęcenia, represjonowania i śmierci, które świat wydaje się przejawiać; odnosi się także do zabicia Jezusa – skrajnego przykładu uczącego nas, że naszej prawdziwej Tożsamości, którą jest miłość, nigdy nie można zniszczyć, gdyż śmierć nie ma władzy nad życiem.

umysł

poznanie – aktywujący czynnik ducha, którego jest przybliżonym odpowiednikiem i któremu dostarcza twórczej energii.

postrzeganie – czynnik dokonujący wyboru; możemy wierzyć, że nasze umysły mogą być oddzielone lub odszczepione od Umysłu Boga (nieprawidłowa umysłowość) lub że mogą zostać do niego przywrócone (prawidłowa umysłowość); można więc powiedzieć, że rozszczepiony umysł ma trzy części: nieprawidłowy umysł, prawidłowy umysł oraz część (ośrodek decyzyjny), która wybiera między nimi; nie należy go mylić z mózgiem będącym organem fizycznym, a zatem stanowiącym aspekt naszego cielesnego *ja*.

uzdrawianie

naprawa w umyśle wiary w chorobę sprawiającej, że oddzielenie i ciało wydają się rzeczywiste; skutek łączenia się z kimś innym w przebaczeniu, zmiana postrzegania z oddzielnych ciał – źródła wszystkich chorób – na nasz wspólny cel uzdrawiania w tym świecie; ponieważ uzdrowienie opiera się na wierze w to, że naszą prawdziwą Tożsamością jest duch, a nie ciało, każda choroba musi być złudzeniem, gdyż tylko ciało lub ego może cierpieć; uzdrawianie odzwierciedla zatem zasadę, że w cudach nie ma porządku trudności.

wizja

sposób, w jaki postrzegają Chrystus lub Duch Święty, którzy patrzą poza ciało na ducha będącego naszą prawdziwą Tożsamością; wizja przebaczenia i bezgrzeszności poprzez którą widziany jest rzeczywisty świat; jest czysto wewnętrzna i odzwierciedla decyzję przyjęcia rzeczywistości zamiast jej osądzania; zmiana w nastawieniu z przeznaczenia nadanego ciału przez ego (wyjątkowość) na to, które nadał mu Duch Święty (przebaczenie), nie można jej zatem równać ze wzrokiem fizycznym.

wyjątkowe związki

związki, na które projektujemy winę, zastępując nimi miłość i nasz prawdziwy związek z Bogiem;

mechanizmy obronne, które wzmacniają wiarę w zasadę niedostatku, podczas gdy pozornie go odczyniają – czynią to, przed czym miały bronić – ponieważ wyjątkowe związki są próbą uzupełnienia postrzeganego braku w nas samych poprzez branie od innych, którzy muszą być widziani jako oddzielni, co wzmacnia poczucie winy wywodzące się przede wszystkim z naszego przekonania, że oddzieliliśmy się od Boga – myśli o ataku będącej pierwotnym źródłem naszego poczucia braku; wszystkie związki w tym świecie rozpoczynają się jako wyjątkowe, gdyż zaczynają się od postrzegania oddzielenia i różnic, które musi zostać naprawione przez Ducha Świętego poprzez przebaczenie, co uczyni te związki świętymi; wyjątkowość przybiera dwie formy: wyjątkową nienawiść, która uzasadnia projekcję winy atakiem, i wyjątkową miłość, która przesłania atak złudzeniem miłości sprzyjającym przekonaniu, że nasze wyjątkowe potrzeby są zaspokajane przez wyjątkowe osoby z wyjątkowymi cechami, za które owe osoby kochamy – w tym sensie wyjątkowa miłość to przybliżony odpowiednik zależności, która rodzi pogardę lub nienawiść.

zaprzeczenie

n.u. – unikanie poczucia winy poprzez wypychanie ze świadomości decyzji, która je wytworzyła, co czyni ją niedostępną dla naprawy lub Pokuty; przybliżony odpowiednik wyparcia; chroni przekonanie ego, że to *ono,* a nie Bóg, jest naszym źródłem.

p.u. – używane, by zaprzeczać błędowi i potwierdzać prawdę – zaprzeczać „zaprzeczeniu prawdy”.

zasada niedostatku

aspekt poczucia winy; przekonanie, że jesteśmy puści i niepełni, że brakuje nam tego, czego potrzebujemy; prowadzi do poszukiwania bożków lub wyjątkowych związków w celu uzupełnienia niedostatku, którego w sobie doświadczamy; owo przekonanie zostanie niechybnie wyprojektowane w uczucia bycia czegoś pozbawionym świadczące o wierze w to, że to inni pozbawiają nas pokoju, który w rzeczywistości *sami* sobie odebraliśmy; kontrastowana z Bożą zasadą obfitości.

zbawienie

Pokuta lub odczynienie oddzielenia; jesteśmy „zbawieni” od naszej *wiary* w rzeczywistość grzechu i winy poprzez zmianę myślenia powodowaną przebaczeniem i cudem.

złudzenie

coś, co w naszym przekonaniu jest rzeczywiste, ale takie nie jest; oddzielenie od Boga jest podstawowym złudzeniem – na nim opierają się wszystkie przejawy oddzielonego świata, które można rozumieć jako wypaczenia w postrzeganiu; tzn. widzenie ataku zamiast wołania o miłość, grzechu zamiast błędu; złudzenia świata wzmacniają wiarę w to, że ciało ma wartość samo w sobie jako źródło przyjemności lub bólu; przebaczenie jest ostatnim złudzeniem, gdyż przebacza to, czego nigdy nie było, i wiedzie poza wszystkie złudzenia do prawdy Boga.

zmartwychwstanie

przebudzenie ze snu o śmierci; całkowita zmiana myślenia, która przekracza ego i jego postrzeganie świata, ciała i śmierci oraz pozwala na całkowite utożsamienie się z naszym prawdziwym *Ja*; odnosi się również do zmartwychwstania Jezusa.

INDEKS CYTATÓW I ODNIESIEŃ DO *KURSU CUDÓW*

Tekst

Podręcznik dla nauczycieli

Wyjaśnienie pojęć

Foundation for *A Course in Miracles®*

Kenneth Wapnick *uzyskał doktorat z psychologii klinicznej w 1968 roku na Universytecie Adelphi. Był bliskim przyjacielem i współpracownikiem Helen Schucman i Williama Thetforda – dwóch osób, których wzajemne połączenie się stanowiło bezpośredni bodziec dla spisania* Kursu cudów. *Kenneth związany jest z* Kursem cudów *od 1973 roku, pisze o nim, uczy jego zasad i integruje je ze swą praktyką psychoterapeutyczną. Jest członkiem rady zarządzającej Foundation for Inner Peace – pierwszego wydawcy* Kursu cudów.

W 1983 roku, wraz ze swoją żoną, Glorią, założył Foundation for A Course in Miracles, *która w 1984 roku rozwinęła się w Centrum nauki i uzdrawiania w Crompond w stanie Nowy Jork. Zainteresowanie jego działalnością szybko przerosło ich oczekiwania i w 1988 otworzyli Akademię i centrum rekolekcyjne w północnej części stanu Nowy Jork. W 1995 roku założyli Instytut Nauczania Pokoju Wewnętrznego poprzez* Kurs cudów *korporację oświatową podlegającą Radzie Zarządzającej Uniwersytetów Stanu Nowy Jork. W 2001 roku Fundacja przeprowadziła się do Temeculi w Kalifornii.*

Wraz z ową przeprowadzką zmieniono nieco sposób działania Fundacji – zrezygnowano z tego, by prezentacje prowadzić wyłącznie na żywo, zaczęto bowiem w większym stopniu koncentrować się na elektronicznych i cyfrowych formach nauczania, by maksymalnie wykorzystać możliwości kiełkującej dziedziny komunikacji za pomocą środków elektronicznych. To pomoże Fundacji zwiększyć zasięg jej nauczania, którego treść pozostanie taka sama, ale forma dostosuje się do wymagań dwudziestego pierwszego wieku. Fundacja wydaje dostępny bezpłatnie kwartalnik „Lighthouse" („Latarnia Morska"). Poniżej przedstawiamy wizję Fundacji, jaką mają Kenneth i Gloria.

W naszych wczesnych latach studiowania *Kursu cudów*, jak również nauki i stosowania jego zasad w naszych zawodach – psychoterapii oraz nauczaniu i administracji szkolnej – wydawało się oczywiste, że nie jest to najłatwiejszy z systemów myślowych do zrozumienia. Nie odnosi się to jedynie do intelektualnego pojęcia jego nauk, lecz chyba – co ważniejsze – do stosowania ich w naszym osobistym życiu. Uważaliśmy zatem od początku, że *Kursu* powinno się nauczać. Oczywiście równolegle z ciągłymi naukami Ducha Świętego podczas codziennych okazji w ramach naszych związków, które omawiane są na początkowych stronach *Podręcznika dla nauczycieli*.

Pewnego dnia kilka lat temu, gdy Helen Schucman i ja – Kenneth – dyskutowaliśmy te idee, Helen podzieliła się ze mną swoją wizją centrum nauczania jako białej świątyni ze złotym krzyżem na szczycie. Mimo, iż było oczywiste, że obraz ten był symboliczny, rozumieliśmy, że reprezentował to, czym miało być to centrum nauczania – przedstawiał miejsce, w którym przejawiałaby się osoba Jezusa i jego posłanie w *Kursie cudów*. Czasami widzieliśmy wizerunek latarni morskiej rzucającej swe światło w morze, a poprzez to wzywającej tych przejezdnych, którzy go szukali. Dla nas, światłem tym jest nauka *Kursu* o przebaczeniu i mielibyśmy nadzieję dzielić się nią z tymi, których przyciąga forma nauczania stosowana przez Fundację i jej wizja *Kursu cudów*.

Wizja ta wiąże się z przekonaniem, że Jezus ofiarował *Kurs* w tym szczególnym okresie w tej szczególnej formie z kilku powodów. Są to między innymi:

1) konieczność uzdrowienia umysłu z jego przekonania, że atak jest zbawieniem; dokonuje się tego poprzez przebaczenie – odczynienie naszej wiary w rzeczywistość oddzielenia i winy.

2) podkreślanie ważności Jezusa i/lub Ducha Świętego jako naszego kochającego i łagodnego Nauczyciela i rozwijanie osobistego związku z owym Nauczycielem.

3) naprawienie błędów chrześcijaństwa, zwłaszcza tam, gdzie podkreślało ono cierpienie, poświęcenie, oddzielenie i sakrament jako nieodłącznie związane z Bożym planem zbawienia.

Nasze myślenie zawsze inspirował Platon (i jego mentor – Sokrates). Ważne były dla nas i jego nauczanie i on sam. Akademia Platona była miejscem, do którego przybywali poważni i myślący ludzie po to, by studiować filozofię platońską w atmosferze sprzyjającej ich nauce, po czym powrócić do swych zawodów i stosować to, czego nauczył ich wielki filozof. Ponieważ więc szkoła Platona integrowała abstrakcyjne filozoficzne ideały z doświadczeniem, wydała się idealnym wzorem dla centrum nauczania, które prowadziliśmy przez tak wiele lat.

Za główny cel Fundacji uważamy zatem udzielanie pomocy studentom *Kursu cudów* w pogłębianiu ich rozumienia tego systemu myślowego – zarówno intelektualnie, jak i doświadczalnie – aby mogli być bardziej skutecznymi narzędziami nauk Jezusa w ich własnym życiu. Ponieważ nauczanie przebaczania bez doświadczania go jest puste, jednym z konkretnych celów Fundacji jest ułatwienie procesu, w którym ludzie będą bardziej zdolni przyjąć do wiadomości to, że ich własne grzechy zostały im przebaczone i że są prawdziwie kochani przez Boga. W ten sposób Duch Święty będzie mógł szerzyć Swą Miłość poprzez nich do innych.

Siedziba **Foundation for *A Course in Miracles®***
w Tamecula, California, USA

Nadkładem Wydawnictwa Centrum ukazały się już:

GLORIA I DR KENNETH WAPNICK
"NAJCZĘŚCIEJ ZADAWANE PYTANIA O *KURSIE CUDÓW*"

Celem przyświecającym przy pisaniu tej książki było udzielenie odpowiedzi na najbardziej typowe pytania zadawane przez studentów ***Kursu cudów*** od jego publikacji w 1976 roku. Doświadczenie wielu lat nauczania ***Kursu*** pokazało wyraźnie, że jego radykalne przesłanie było wielokrotnie źródłem ogromnego zamętu, błędów w rozumieniu oraz wypaczeń. Pytania omawiane w tej książce obejmują szeroki zakres tematów. Są to między innymi: metafizyka Nieba, metafizyka oddzielenia, zastosowanie zasad ***Kursu cudów***, Jezus, a także forma, język oraz program nauczania ***Kursu cudów***.

KENNETH WAPNICK I W. NORRIS CLARKE
"*KURS CUDÓW* I CHRZEŚCIJAŃSTWO - DIALOG"

Podstawową cechą charakterystyczną ***Kursu cudów*** jest brak dualizmu. Chrześcijaństwo, podobnie jak przed nim judaizm, jest tymczasem dualistycznym systemem myślowym, w którym Bóg i świat, duch i materia współistnieją jako oddzielne stany i obydwa są rzeczywiste. Rzeczywistość widziana jest zatem jako wymiar przeciwieństw – jak dobro i zło – w odróżnieniu od tego, jak rozumiana jest ona w ***Kursie***, czyli jako jedynie doskonała jedność, w której nie ma przeciwieństw. Stąd ***Kurs*** i ***Biblia*** odzwierciedlają całkowicie różne, wzajemnie wykluczające się teologie, których nigdy nie będzie można połączyć w jedną zwartą duchowość.

Zamówienia:
www.WydawnictwoCentrum.pl
Tel.: (58) 522 9497, Fax: (58) 550 6812

Nadkładem Wydawnictwa Centrum ukazały się już:

GLORIA I DR KENNETH WAPNICK "NAJCZĘŚCIEJ ZADAWANE PYTANIA O *KURSIE CUDÓW*"

Celem przyświecającym przy pisaniu tej książki było udzielenie odpowiedzi na najbardziej typowe pytania zadawane przez studentów ***Kursu cudów*** od jego publikacji w 1976 roku. Doświadczenie wielu lat nauczania ***Kursu*** pokazało wyraźnie, że jego radykalne przesłanie było wielokrotnie źródłem ogromnego zamętu, błędów w rozumieniu oraz wypaczeń. Pytania omawiane w tej książce obejmują szeroki zakres tematów. Są to między innymi: metafizyka Nieba, metafizyka oddzielenia, zastosowanie zasad ***Kursu cudów***, Jezus, a także forma, język oraz program nauczania ***Kursu cudów***.

KENNETH WAPNICK I W. NORRIS CLARKE "*KURS CUDÓW* I CHRZEŚCIJAŃSTWO - DIALOG"

Podstawową cechą charakterystyczną ***Kursu cudów*** jest brak dualizmu. Chrześcijaństwo, podobnie jak przed nim judaizm, jest tymczasem dualistycznym systemem myślowym, w którym Bóg i świat, duch i materia współistnieją jako oddzielne stany i obydwa są rzeczywiste. Rzeczywistość widziana jest zatem jako wymiar przeciwieństw – jak dobro i zło – w odróżnieniu od tego, jak rozumiana jest ona w ***Kursie***, czyli jako jedynie doskonała jedność, w której nie ma przeciwieństw. Stąd ***Kurs*** i ***Biblia*** odzwierciedlają całkowicie różne, wzajemnie wykluczające się teologie, których nigdy nie będzie można połączyć w jedną zwartą duchowość.

Zamówienia:
www.WydawnictwoCentrum.pl
Tel.: (58) 522 9497, Fax: (58) 550 6812